John Sykes

NORDENGLAND

50 TIPPS ABSEITS der ausgetretenen PFADE

360° medien

IMPRESSUM
Nordengland
50 Tipps abseits der ausgetretenen Pfade
John Sykes

Nachtigallenweg 1 I 40822 Mettmann
360grad-medien.de

Redaktion und Lektorat: 360° medien

Satz und Layout: Lucas Walter

Gedruckt und gebunden:
LD Medienhaus GmbH & Co. KG I Feldbachacker 16 I 44149 Dortmund
www.ld-medienhaus.de

Bildnachweis: siehe Seite 256

ISBN: 978-3-96855-310-8
Hergestellt in Deutschland

360grad-medien.de

John Sykes

NORDENGLAND

50 TIPPS ABSEITS der ausgetretenen PFADE

360° medien

VORWORT

Bei Reisen nach England steuern die meisten Besucher vom europäischen Festland die Hauptstadt London, Cornwall und die Südküste an. Warum sollte man stattdessen nach Nordengland reisen? Es gibt viele überzeugende Argumente für den unbekannteren Landesteil. Zum einen: Cornwall ist überlaufen!

Zum anderen: die Landschaft. Neben vier Nationalparks – Lake District, Yorkshire Dales, North York Moors und Northumberland – gibt es die weniger frequentierten, offiziell als „AONB" (Area of Outstanding Natural Beauty – Gebiet von außerordentlicher natürlicher Schönheit) designierten Gebiete. In diesem Band handelt es sich u. a. um die Küste von Northumberland und die North Pennines. Anstelle von Orten mit starkem Besucherandrang in Nationalparks präsentiere ich Ihnen weniger bekannte Täler wie Eskdale, angrenzende Gegenden wie Nidderdale und Alternativen wie das Ribble-Tal.

Außerdem: reizvolle Kleinstädte und spannende Großstädte. Beliebt sind die grafschaftlichen Hauptstädte Durham und York. Einen Besuch wert sind aber auch Beverley mit einer riesigen Münsterkirche, die Marktstadt Barnard Castle, die alte Römergründung Lancaster oder die unterschätzte Hafenstadt Hull. Mit der möglichen Ausnahme von Liverpool, wo Beatles-Sehenswürdigkeiten locken, gelten die Metropolen der Region nicht unbedingt als Touristenziele – zu Unrecht. Mit Stadtspaziergängen zu Prachtarchitektur in Leeds, auf den Spuren des Kapitalismus und des Kommunismus in Manchester und zu den Brücken am River Tyne in Newcastle möchte ich zeigen, dass Ausflüge in die Großstädte absolut lohnend sind.

Die Küste ist abwechslungsreich: Ich nehme Sie mit zu hohen Klippen mit Seevogelkolonien an der Irischen See in St Bees sowie an der Nordsee an den Bempton Cliffs, zu endlosen Sandstränden nördlich von Liverpool und bei Ebbe fußläufig erreichbaren Inseln, zum Wattenmeer in der Morecambe Bay und zu stimmungsvollen, wie das Ende der Welt anmutenden Orte wie Walney Island,

Sunderland Point oder Spurn Head. Burgruinen und bewohnte Schlösser dürfen nicht fehlen, ebenso Kunst in der Landschaft – im Yorkshire Sculpture Park, in der Grafschaft Northumberland, auch in Form von Felszeichnungen aus vorgeschichtlicher Zeit. Eine besondere Stärke von Nordengland ist das industrielle Erbe, beispielsweise der Kanal bei Bingley, verlassene Bleibergwerke oder die schmucken Häuschen und Gärten des Musterdorfs Port Sunlight.

Die Aufteilung der Tipps in sechs Regionen in diesem Band hält sich nicht durchgängig an offizielle Grenzen, sondern gruppiert nahe beieinander gelegene Orte.

Zum Schluss eine Frage und eine kuriose Geschichte. Was liegt, in einem dicht besiedelten Land, wirklich „abseits"? Der englische Binnentourismus ist ja hoch entwickelt, eine gute Infrastruktur überall vorhanden. Die hier beschriebenen Orte werden jedoch von nicht-britischen Besuchern wenig frequentiert. Außerdem geht es um Täler und Küsten, die viele Einheimische auch nicht kennen.

Und dann gibt es Überraschungen. Vor einigen Jahren erschienen plötzlich und unangekündigt ganze Busladungen mit chinesischen Touristen im mittelenglischen Dorf Kidlington, wo klassische Sehenswürdigkeiten komplett fehlen. Zum Erstaunen der Bewohner schauten sich die Besucher neugierig um, gingen sogar in private Vorgärten und machten Selfies vor den Rosenbeeten, stiegen wieder in die Busse und verschwanden. Der Grund? Durch Film und Fernsehen ist das typische dörfliche, ländliche Leben Englands in China bekannt, gilt als exotisch und reizvoll. Kidlington liegt günstig auf der Ausflugsroute von London zur Shakespeare-Stadt Stratford-on-Avon. Also: Wer einen als einsam gepriesenen Ort besucht und viele Touristen vorfindet, möge bitte bei der Redaktion melden, dass der betreffende Pfad nun doch ausgetreten ist.

Ich wünsche viel Freude bei der Entdeckung meiner nordenglischen Heimat! Ihr John Sykes

INHALTSVERZEICHNIS

Hinweise: Während der Recherche zu diesem Buch änderten Lokale und Besucherattraktionen aufgrund der Corona-Pandemie immer wieder ihre Arbeitsweise. Darum wurde bei den Service-Informationen auf die Angabe von Öffnungszeiten, Preisen etc. verzichtet. Allen Reisenden sei empfohlen, sich aktuell vor Ort bzw. auf den aufgeführten Internetseiten zu informieren.

Aus Gründen der besseren Lesbarkeit wird auf eine geschlechtsneutrale Differenzierung verzichtet. Entsprechende Begriffe gelten im Sinne der Gleichbehandlung grundsätzlich für alle Geschlechter. Die verkürzte Sprachform beinhaltet keine Wertung.

Heute haben Bewohner von Brough Castle vier Beine.

TOP 10

DER SEHENSWÜRDIGKEITEN IN NORDENGLAND

1 **Chester:** Die wohlhabende Stadt am River Dee mit einer hohen Lebensqualität ist eine Gründung der Römer, deren Stadtmauer im Mittelalter mit vielen Türmen weiter ausgebaut wurde und bis heute einen kompletten Rundgang mit schönen Aussichten bietet. Innerhalb der Mauern ist Chester für schwarz-weiß angestrichene Fachwerkhäuser aus verschiedenen Jahrhunderten bekannt. Doppelstöckige historische Arkaden, „The Rows“, machen Shopping bei jedem Wetter zum Vergnügen. Die Stadt zeigt stolz ihr Traditionsbewusstsein: der Town Crier (Ausrufer) gibt täglich zu Mittag am High Cross Neuigkeiten lautstark bekannt, und alle fünf Jahre werden mittelalterliche Mysterienspiele aufgeführt.

2 **Durham:** Auf einem felsigen, von einer Schleife des River Wear umschlossenen Plateau steht die Burg der einst mächtigen Prinz-Bischöfe von Durham und bildet zusammen mit einer der schönsten englischen Kathedralen ein Ensemble, das die UNESCO zum Weltkulturerbe kürte. Die Studenten der bedeutenden Universität prägen das Leben der eher kleinen Stadt, wie die vielen belebten Cafés und Kneipen im historischen Viertel unterhalb der Burg zeigen. Bootsausflüge auf dem Wear und Spaziergänge am grünen Ufer sind ein großes Vergnügen.

3 **Hadrian's Wall:** Im Jahr 122 n. Chr. sicherte Kaiser Hadrian die Nordgrenze des römischen Imperiums mit einer starken Mauer gegen die Stämme im heutigen Schottland, die Rom nicht unterwerfen konnte. Ein 135 Kilometer langer Wanderweg zieht von Ost nach West, von Küste zu Küste – durch hügelige, teils liebliche, teils wilde Landschaft, an eindrucksvollen Resten der Römermauer vorbei. Diese und spannende Grabungsfunde wurden besucherfreundlich erschlossen, zum Beispiel im Roman Army Museum in Greenhead, in den Forts Vindolanda und Housesteads und den Ruinen einer römischen Stadt in Corbridge. Auch Hadrian's Wall zählt zum UNESCO-Weltkulturerbe.

4 **Lake District:** Viele halten diesen Nationalpark für die am meisten beeindruckende Landschaft Englands. Über reizvollen Kleinstädten und Seen, auf denen historische Ausflugsdampfer mit großem Charmefaktor verkehren, erheben sich die höchsten englischen Berge – sie kommen nicht über 978 Meter hinaus, sind aber schroffe, steile, sehr wohl echte Berge. Wanderer, Kletterer und Wassersportler werden ebenso glücklich wie Feinschmecker, denn es gibt eine feine gastronomische Szene – Lammfleisch aus der hiesigen Schafzucht sollte man auf jeden Fall probieren.

5 **Liverpool:** In aller Welt bekannt wurde die quirlige Hafenmetropole durch die Fußballspieler des FC Liverpool und die Beatles – vier Musiker mit einer humorvollen und aufgeschlossenen Art, die für die Menschen ihrer Heimatstadt typisch ist. Historische Lagerhäuser um Hafenbecken beherbergen spannende Museen, die Stadtmitte liegt zwischen den „Drei Grazien", prächtigen Bauwerken am River Mersey – und zwei beeindruckenden, im 20. Jahrhundert errichteten Kathedralen. Das kulinarische und kulturelle Angebot ist kreativ und vielfältig.

6 **Northumberland: Burgen und Küsten:** Die zauberhafte Küste der Grafschaft Northumberland erstreckt sich vom Ballungsgebiet Newcastle-upon-Tyne bis zur schottischen Grenze. Diese einst abgelegene, von mächtigen Adeligen beherrschte Region war oft umkämpft. Zeugnisse einer bewegten Geschichte blieben bis heute erhalten. Die beeindruckende Burg Bamburgh Castle blickt auf Dünen und Meer und wurde für einen Industriellen zu einem Palast umgebaut und restauriert. Auch auf der Insel Lindisfarne kann man eine zum stilvollen Wohnsitz umbaute Burg besichtigen. Dunstanburgh Castle dagegen ist eine romantische Ruine an der Steilküste. Nicht direkt an der Küste liegt Alnwick Castle, heute noch Sitz der Herzöge von Northumberland. Der Park ist als Quidditch-Platz in den Harry Potter-Verfilmungen bekannt; passend zum Thema gibt es Eulen, ein Baumhausrestaurant und einen Giftpflanzengarten.

7 **North York Moors Railway:** Überall in England laden historische Eisenbahnstrecken zu Ausflügen ein. Keine ist so schön wie die North York Moors Railway. Sie verbindet die Kleinstadt Pickering im Süden mit dem reizvollen Esk-Tal im Norden und durchquert bei der 30 Kilometer langen Fahrt wunderschöne Heide- und Moorlandschaft im Tal Newtondale. Unter Dampf und in Waggons aus alter Zeit passieren die Passagiere liebevoll restaurierte Bahnhöfe, jeder im Stil einer anderen Zeit: Grosmont im Norden verkörpert die 1950er-Jahre, Goathland die 1920er. Die Fahrt lässt sich gut mit Wanderungen verbinden.

8 **York:** Die historische Hauptstadt Nordenglands zeigt Attraktionen aus vielen Epochen. Sie war ein wichtiger Standort römischer Legionen und später Mittelpunkt eines Wikingerreichs, das im Jorvik Viking Centre multimedial präsentiert wird. Ein Rundgang auf der gut erhaltenen Stadtmauer unterstreicht die Bedeutung von York im Mittelalter und bietet gute Ausblicke. Das gotische York Minster mit drei Türmen und riesigen Glasfenstern gehört zu den großartigsten Kathedralen Europas. Das hervorragende National Railway Museum beleuchtet 200 Jahre Eisenbahngeschichte. Neben einem interessanten Einkaufserlebnis in den engen Gassen der Altstadt finden Besucher auch urige Pubs und das legendäre Bettys Café.

9 Küste von Yorkshire

Küste von Yorkshire : Eine Sandburg bauen, entlang der Steilküste wandern, fangfrischen Fisch essen oder Fossilien sammeln – mit hohen Klippen, Fischer- und Schmugglerdörfern wie Robin Hood's Bay und langen Sandstränden bietet die Küste von Yorkshire jede Menge Abwechslung. Das klassische Seebad Scarborough punktet mit zwei Sandbuchten, Gärten und Prachtbauten aus dem 19. Jahrhundert, die historische Hafenstadt Whitby mit verwinkelten Gassen, Abteiruinen in herrlicher Klippenlage, Bootsausflüge aus dem Fischerhafen und Verbindungen zur Dracula-Legende.

10 Yorkshire Dales

Yorkshire Dales: Grüne Täler („Dales"), windige Höhen, Trutzburgen wie in Richmond und interessante Marktstädte wie Skipton in einer sagenhaften, von kernigen Bauern und deren Schafen bevölkerten Landschaft – eine beliebte TV-Serie über einen Tierarzt machte die Region im letzten Jahrhundert international bekannt. Wanderungen enden am liebsten in einem ländlichen Pub – manche mit ausgezeichneter Küche. Jedes Dale hat seine eigenen Reize: Wensleydale beispielsweise ist für den gleichnamigen Käse und die Wasserfälle in Aysgarth berühmt, Wharfedale für die malerischen Abteiruinen von Bolton Abbey am River Wharfe.

Von den Burgzinnen in Bamburgh schweift der Blick über Dünen und Strand.

KURIOSES & BESONDERHEITEN

IN NORDENGLAND

Meeresfrüchte und Fisch

Die englische Nordseeküste ist für Fisch und Meeresfrüchte bekannt – die Stadt Bridlington beispielsweise für Hummer, Whitby für hervorragende Fish & Chips mit frischem Kabeljau oder Schellfisch, Northumberland für geräucherte Bücklinge (Kippers), die man am besten nahe der Räucherei im Dorf Craster probiert. Die besondere Delikatesse aus dem Wattenmeer Morecambe Bay an der Westküste sind kleine Garnelen

Gärten und Tee

Die Engländer lieben es zu gärtnern und – wenn es um die Parks und Gärten des Adels geht – sind sie Landschaftsgestalter im großen Stil. Gärten und Parks

gehören zu den beliebtesten Ausflugszielen, zum Beispiel in der Kurstadt Harrogate und den zahlreichen Herrensitzen. Nachdem man die Blumenbeete, Rasen, Teiche und Gewächshäuser in Augenschein genommen hat, geht es unweigerlich zum nächsten Vergnügen: Afternoon Tea im dazugehörigen Café.

Industrierevolution

Nordengland war im späten 18. Jahrhundert eine Geburtsstätte der industriellen Revolution. Zeugnisse dieser Geschichte wurden besucherfreundlich aufgearbeitet, wie die Baumwollfabrik in Styal südlich von Manchester oder die Wollspinnerei Salts Mill bei Bradford und das zugehörige Dorf Saltaire, das die UNESCO zum Weltkulturerbe erklärte. Auch das Netz 200 Jahre alter Kanäle mit ihren historischen Schleusen und Treidelpfaden, die zu Spaziergängen einladen, gehört dazu.

Beste Weltküche

Indisch, chinesisch, französisch, sogar englisch: Die Restaurants des Landes spiegeln die Herkunft der Menschen wider. Authentische Küche des indischen Subkontinents bekommt man in den Städten mit der entsprechenden Bevölkerung, beispielsweise südlich der Stadtmitte von Manchester an der „Curry-Meile" Wilmslow Road. Es gibt Chinatown-Viertel in Liverpool und Newcastle. Traditionell britische Gerichte findet man in ländlichen Pubs der Yorkshire Dales und im Lake District, wo auch eines der besten Restaurants des Landes, L'Enclume in Cartmel, heimische Zutaten mit französischer Raffinesse zubereitet. Der schlechte Ruf der englischen Küche ist nicht mehr gerechtfertigt.

Schafe: auf der Straße, in den Bergen

Herrlich auf und ab, wie bei einer Achterbahnfahrt, geht es auf Landstraßen der hügeligen Nationalparks zu, zum Beispiel im Lake District und den Yorkshire Dales. Nicht selten begegnet man unterwegs Tieren, am häufigsten Schafen, die das saftige Gras am Straßenrand begehren oder sich sogar

auf dem Asphalt ausruhen. Schafe formten diese Landschaften, denn die Wälder wurden im Mittelalter von den Mönchen der großen Abteien für die Schafzucht gerodet. Ihr Hunger verhinderte, dass Bäume wieder nachwuchsen. So bleibt eine unverkennbare nordenglische Landschaft: kahle Hänge und Weideland zwischen langen Trockensteinmauern. .

Fußball und das Nord-Süd-Gefälle

Ein heißes Thema der britischen Politik ist das Nord-Süd-Gefälle: der Süden, vor allem der Südosten um London, ist wohlhabender als der Norden. In einem Punkt befindet sich Nordengland mindestens auf Augenhöhe: Die drei nord-

englischen Fußballvereine FC Liverpool, Manchester United und Manchester City behielten in den letzten Jahrzehnten meistens die Oberhand gegenüber ihren Londoner Rivalen FC Chelsea, Arsenal und Tottenham Hotspur. Karten für die Spiele der Premier League sind schwer zu bekommen, aber eine Stadiontour mit Besuch des Vereinsmuseums ist in Liverpool und Manchester problemlos möglich.

SCHOTTLAND
Nordsee
Atlantischer Ozean
Edinburgh
Newcastle upon Tyne
NORD-IRLAND
Belfast
Irische See
Hull
Dublin
IRLAND
Irisches Meer
ENGLAND
WALES
Cardiff
London
Keltische See
Plymouth
Ärmelkanal
FRANKREICH
Paris

Alloa
Kirkcaldy
Falkirk
Edinburgh
Dunbar
Bathgate
Dalkeith
Livingston
Berwick-upon-
Tweed
Duns
Lanark
Galashiels
Kelso
Jedburgh
Hawick
Lockerbie
Dumfries
Haltwhistle
Newcastle
upon Tyne
Sunderland
Castle
Douglas
Carlisle
Durham
Nordsee
Maryport
Penrith
Workington
Appleby-in-
Westmorland
Stockton-on-
Tees
Kirkby
Stephen
Darlington
Whitby
Irisches
Meer
Kendal
A1(M)
Scarborough
Barrow-in-
Furness
M6
Bridlington
Lancaster
Irische See
York
Blackpool
Leeds
Hull
Scunthorpe
Wigan
Grimsby
Doncaster
Bolton
Manchester
Liverpool
Sheffield
Stockport
Colwyn Bay
Rhyl
Lincoln
Chester
Skegness
Stoke-on-
Trent
Newark
Wrexham
M1
Nottingham
Derby
Grantham
Boston
King's
Lynn
Spalding
Loughborough
Dolgellau
Shrewsbury
Telford
Leicester

Yorkshire – der Osten

Basstölpel an den Bempton Cliffs in Yorkshire

Yorkshire – der Osten

1. Hull: Hafenstadt mit Ecken und Kanten
2. Beverley: Marktstadt mit Münsterkirche
3. Spurn Point: eine neue Insel am Ende der Welt
4. Der Menhir von Rudston: eine rituelle Landschaft der Neusteinzeit
5. Bempton Cliffs: hunderttausend Seevögel
6. Filey: ein herrlich altmodisches Seebad

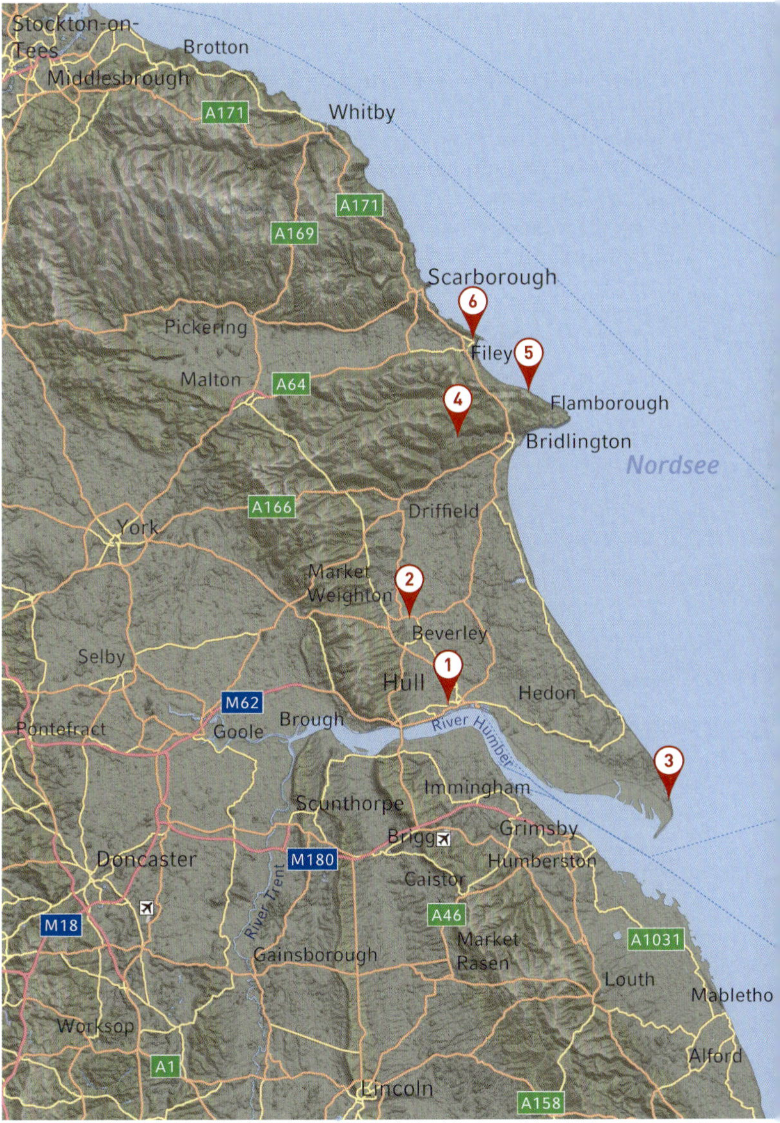
Stockton-on-Tees
Brotton
Middlesbrough
A171
Whitby
A171
A169
Scarborough
6
Pickering
Filey
5
Malton
A64
4
Flamborough
Bridlington
Nordsee
A166
Driffield
York
Market Weighton
2
Beverley
Selby
1
Hull
Hedon
M62
Pontefract
Goole
Brough
River Humber
3
Immingham
Scunthorpe
Grimsby
Brigg
Doncaster
M180
Humberston
Caistor
River Trent
A46
M18
A1031
Market Rasen
Gainsborough
Louth
Mabletho
Worksop
Alford
A1
Lincoln
A158

1. HULL: HAFENSTADT MIT ECKEN UND KANTEN

Die 250.000-Einwohner-Stadt am Fluss Humber blickt auf eine stolze Vergangenheit zurück. Durch schwere Luftangriffe 1940/41 und den Niedergang traditioneller Erwerbsquellen zeigt sich heute ein gemischtes Stadtbild. Es gibt trotzdem viele Gründe, einen Tag in Hull zu verbringen: eine Altstadt mit historischen Kneipen, überraschend gute, kostenlose Museen und ein tolles Aquarium.

Holy Trinity Church ist die größte Pfarrkirche Englands.

Der vollständige Name Kingston upon Hull verrät den Ursprung der Stadt als „king's town", eine königliche Gründung durch Edward I. im Jahr 1299 an der Stelle, wo der kleine Hull in den breiten Humber fließt. Hier blühten Nordseehandel, Walfang und Fischerei. Im Zweiten Weltkrieg erlitt unter englischen Städten nur London schlimmere Zerstörungen durch Bomben. Die Stadtmitte Hulls musste wieder aufgebaut werden, und in der Altstadt zwischen der Pfarrkirche Holy Trinity im Süden und dem Rathaus in Norden, dem Victoria Square im Westen und dem River Hull im Osten, schaffen historische Bauten und enge, kopfsteingepflasterte Gassen immer noch ein stimmungsvolles Bild.

Ein guter Ausgangspunkt für einen Spaziergang ist der Victoria Square, Standort der kleinen, aber feinen Ferens Art Gallery mit europäischen Alten Meistern und englischer Kunst. Dort befindet sich auch das unbedingt empfehlenswerte Maritime Museum im ehemaligen Hafenamt. Die Ausstellungen widmen sich dem Walfang, dem Seehandel und der Fischerei. Zu den Exponaten gehören wunderbare Schiffsmodelle und Beispiele einer besonderen Kunstgattung, genannt „scrimshaw" – das Schnitzen und Verzieren von Walknochen und Walross- oder Narwalzähnen.

Posterngate in der Altstadt von Hull

Die Straßen Whitefriargate, Silver Street und Scale Lane führen in einer Linie durch die Altstadt zur High Street und dort links zum Museums Quarter, wo drei Häuser nebeneinander stehen. Das Hull and East Riding Museum zeigt die Geschichte von Hull und Umgebung seit der Neusteinzeit. Höhepunkte sind die Rekonstruktion eines Dorfs der Eisenzeit, keltische Kriegerfiguren aus Holz, römische Mosaiken und die Ausstellung über Boote der Bronzezeit, die am Humber-Ufer gefunden wurden. Im Transportmuseum („Streetlife") sieht man Pferdekutschen, Autos aus der Zeit um 1900 – Benziner sowie Modelle mit Dampf- und Elektroantrieb – und erfährt die Geschichte des Fahrrads. Einige Schritte weiter befindet sich eine imposante Kaufmannsresidenz des 17. Jahrhunderts mit Stuckdecken und riesigen Kaminen. Sie ist das Geburtshaus von William Wilberforce (1759–1833), der maßgeblich für die Abschaffung des Sklavenhandels 1807 verantwortlich war. Das Museum schildert sein Leben und die Grausamkeiten der Sklaverei.

Von den Gezeiten geprägt: der Fluss Hull bei Ebbe

Am Kai hinter den Museen liegt der 1960 vom Stapel gelaufene Nordseetrawler Arctic Corsair. Der Niedergang der Fischerei hat sichtbare Spuren in der Stadt hinterlassen, doch entstehen wieder Arbeitsplätze durch die Fertigung von Windrädern zur Energieerzeugung in der Nordsee. Vor Anker im

The Guildhall, das Rathaus von Hull

Jachthafen Hull Marina liegt das Feuerschiff Spurn Lightship, das in der Mündung des Humber bis 1975 dem Schiffsverkehr den Weg leuchtete.

Zwei Bauwerke drücken das Selbstbewusstsein der Bewohner von Hull aus. Das Rathaus (Guildhall) in der Alfred Gelder Street direkt nördlich der Altstadt ist ein bombastisches Bauwerk des frühen 20. Jahrhunderts mit langer Säulenfassade und Dachskulpturen zu patriotisch-nautischen Themen. Im südlichen Bereich der Old Town, am stattlichen Turm weithin sichtbar, befindet sich die 700 Jahre alte Pfarrkirche Holy Trinity, auch Hull Minster genannt. Schlanke Pfeiler und große gotische Fenster schaffen ein beeindruckendes, helles Raumerlebnis. Auf dem Platz vor der Kirche steht die Statue des Dichters Andrew Marvell vor seiner alten Schule, einem Backsteinbau aus dem Jahr 1583. Marvell (1621–1678) verfasste das bekannteste Verführungsgedicht der englischen Sprache, „To his coy mistress" – „coy" heißt „schamhaft" oder „zurückhaltend". Mit dem Werk eines weiteren beliebten Literaten ist die Stadt eng verbunden: der Dichter Philip Larkin war 30 Jahre lang bis zu seinem Tod 1985 Bibliothekar der University of Hull. Sein Denkmal steht im Bahnhof.

Ein riesiges Aquarium: The Deep

Die Bedeutung der Fischerei würdigt der Seven Seas Trail, ein Rundgang durch die Old Town ab Victoria Square zu 41 in den Boden eingelassenen Kunstwerken. In Originalgröße bilden sie verschiedene Meerestiere ab. Lebende Fische dagegen sieht man zu Tausenden in The Deep. Das Großaquarium an der Mündung des

River Hull präsentiert Haifische, Rochen, Schildkröten und viele andere Arten in einem 2,5-Million-Liter-Becken. Besucher können sie im Unterwassertunnel von Nahem bewundern. Außerdem gibt es Bereiche mit Pinguinen, die „Lagoon of Light" mit bunten tropischen Fischen und einen Gang durch die maritime Erdgeschichte.

INFO

Lage: Kingston upon Hull liegt etwa 100 Kilometer östlich von Leeds.

Aktivitäten:

- The Deep: Tower Street, Hull HU9 1TU, *thedeep.co.uk*
- Ferens Art Gallery, Hull and East Riding Museum, Maritime Museum, Streetlife Museum, Wilberforce House: *humbermuseums.com*
- Museumsschiffe Arctic Corsair und Spurn Lightship: *humbermuseums.com*

Einkehren:

- Ye Olde White Harte: urige Kneipe mit dunklem Holz und Steinplattenboden in einem Bau aus dem 16. Jahrhundert. Keine Küche; 25 Silver Street, Hull HU1 1JG, *yeoldewhiteharte.com*
- Die Altstadt besticht mit einigen historischen Pubs, z. B. The Lion and Key (facebook.com/TheLionAndKey) und Ye Olde Black Boy (yeoldeblackboy.com), beide in der High Street.
- Humber Fish Company: Fisch und Meeresfrüchte, gehobenes Niveau. Hier im aufstrebenden Fruit Market-Viertel findet man weitere trendige Lokale, Geschäfte und Galerien; Humber Street, Hull HU1 1TU, Tel. +44 1482 326136, *humberfishco.co.uk*

Übernachten:

- Hideout Hotel: kleines, stilvolles Apartmenthotel in guter Lage nahe der Hull Minster; 9 North Church Side, Hull HU1 1RP, Tel. +44 1482 212222, *hideouthotel.co.uk*

Website: *visithullandeastyorkshire.com*

2. Beverley: Marktstadt mit Münsterkirche

Die vielbesuchte Kathedrale der Grafschaft Yorkshire ist das York Minster. Weniger Menschen finden den Weg zum ebenfalls wunderschönen Beverley Minster, dessen Türme sich über eine charmante Kleinstadt erheben.

Die Westfassade der Münsterkirche

Die Münsterkirche von Beverley ist keine Bischofskirche, aber an Größe und Schönheit stellt sie so manche englische Kathedrale in den Schatten und überragt die sonst niedrigen Bauten des 30.000-Einwohner-Ortes. Das Gotteshaus geht auf eine Gründung des hl. John von Beverley (gest. 721) zurück. Sein Grab wurde zur Pilgerstätte, die Kirche zu einem wohlhabenden Stift, sodass ein prächtiger Neubau erfolgen konnte: 1235 bis 1270 der Chor und die Querhäuser, 1308 bis 1349 das Hauptschiff, 1390 bis 1420 das große Ostfenster und die Westfassade mit zwei Türmen. Die wöchentliche Führung über die Dächer bietet einen Einblick in die Bautechnik: Aus der Zeit, als es noch keine Kräne mit Elektromotor gab, besitzt die Kirche noch das Tretrad, mit dem Steine in die Höhe befördert wurden. Es war bis 1977 in Betrieb!

Darstellungen mittelalterlicher Musikanten

Im Innenraum sind feine Steinmetzarbeiten zu bewundern, zum Beispiel das Grabmal einer Frau der adligen Percy-Familie aus der

Zeit um 1340 und Darstellungen von Musikanten mit mittelalterlichen Instrumenten direkt links beim Eingang. Beverley war der Sitz einer regional bedeutenden Musikerzunft. Auch die Arbeit der Holzschnitzer ist bemerkenswert, denn fantasievolle Szenen schmücken die 68 Miserikordien (kleine Stützen für stehende Chorherren während der langen Gottesdienste) am Chorgestühl aus dem 16. Jahrhundert. Im Ostfenster hat sich mittelalterliches Glas erhalten – allerdings etwas durcheinander, da es 1608 bei einem Sturm herausgedrückt wurde und erst 1725 in teilweise falscher Reihenfolge wieder eingesetzt wurde.

Die Straßen Highgate, Butcher Row und Toll Gavel führen vom Münster zum zentralen Platz der Stadt, dem Saturday Market, wo tatsächlich samstags ein Markt abgehalten wird. Unterwegs lohnt sich ein Abstecher links vom Toll Gavel zur Guildhall, dem Rathaus. Es entstand 1501 mit vielen späteren Änderungen, zum Beispiel die Stuckverzierungen im Rokoko-Stil im ehemaligen Gerichtssaal. Darunter ist das Wappen der Stadt, das einen Biber und blaue Wellen zeigt – ein Hinweis auf den Ursprung des Namens Beverley, einst Beverlac („Bibersee"). Steinerne Biberschwänze verzieren auch das Taufbecken im Münster. Der Mittelpunkt des Geschehens am Marktplatz ist der „market cross", ein offener Säulenbau aus dem Jahr 1714. Schöne Geschäfte – Boutiquen, Antiquitätenläden – verraten einen gewissen Wohlstand. Auch mit charaktervollen Pubs ist Beverley reich gesegnet. Das älteste, The Sun Inn am Ostende des Münsters, geht auf das Jahr 1530 zurück. Besonders urig ist The White Horse in der Straße Hengate.

Der Marktplatz in Beverley

Durch den Wollhandel gehörte Beverley vor 600 Jahren zu den zehn größten Städten des Landes. Davon zeugt südlich des Marktplatzes Beverleys zweite wunderschöne Kirche. St Mary's war das Gotteshaus der Kaufleute und der Zünfte. Sie brachten darin ihren Wohlstand zum Ausdruck und veranlassten den Neubau des Hauptschiffes nach dem Einsturz des Mitteltturms 1520. Auch hier ließ sich die Musikerzunft verewigen: ein Kapitell an der Nordseite zeigt fünf Musikanten, 33 weitere Steinmetzarbeiten sind dem Thema Musik gewidmet. Im älteren Ostteil der Kirche sind eine Decke mit Porträts englischer Könige und, wie im Münster, fantasievolle Miserikordien zu sehen. Die Darstellung eines Hasen mit Pilgertasche in der St Michael-Kapelle soll dem Autor Lewis Carroll als Vorlage für das Weiße Kaninchen im Kinderbuch „Alice im Wunderland" gedient haben. Etwas 150 Meter weiter nördlich der Kirche steht das Stadttor North Bar, ein Backsteinbau aus dem Jahr 1408. Das Tor erfüllt noch seinen ursprünglichen Zweck, den Verkehr zu regeln – heute allerdings mithilfe einer Ampel.

St Mary's Church zeigt das Reichtum der Kaufleute.

North Bar: das Stadttor mit Verkehrsampel

Wer noch etwas Zeit in der Stadt verbringen will, findet einen angenehmen Spaziergang am grünen Ufer des Beverley Beck (vom Münster nach Osten über die Straße Flemingate). Dieser 1,2 Kilometer lange, im Mittelalter ausgehobene Kanal verband die Stadt mit dem Fluss Hull und so mit dem Meer. Auf diesem Weg kam der helle Kalkstein zum Bau des Münsters in die Stadt. Am Beck sieht man heute nur noch Freizeitboote, aber in Beverley wurden bis 1977 Trawler und kleine Schiffe in einer Werft am Hull gebaut. Der Reiz der Stadt besteht jedoch darin, dass die Industrierevolution weitgehend an ihr vorbei gegangen ist.

INFO

Lage: 13 Kilometer nördlich von Hull

Aktivitäten:

- Beverley Minster: Führungen werden mittwochs und samstags angeboten; 38 Highgate, Beverley HU17 0DP, *beverleyminster.org.uk*
- St Mary's Church: North Bar Within, Beverley HU17 8DL, *stmarysbeverley.org*
- Treasure House: Exponate zur Geschichte der Region, darunter Schwerter mit geschnitzten Elfenbeingriffen und eine Ausstellung englischer Kunst seit dem 19. Jahrhundert; Champney Road, Beverley HU17 8HE, *eastridingmuseums.co.uk/find-a-museum/?entry=treasure_house_main*
- Tourist Information Office: im Treasure House, Champney Road

Einkehren:

- The White Horse: Diese legendäre verwinkelte Kneipe mit niedrigen Decken, unebenen Steinböden, Gaslampen und offenen Kaminen heißt nach der ehemaligen Besitzerin immer nur „Nellie's". 22 Hengate, Beverley HU17 8BN, *nellies.co.uk*

Übernachten:

- Beverley Arms: Die renovierte Herberge aus dem 17. Jahrhundert bietet geschmackvolle, komfortable Gästezimmer, eine gemütliche Bar und gute Küche; 25 North Bar Within, Beverley HU17 8DD, Tel. +44 1482 296999, *beverleyarms.co.uk*

Website: *visithullandeastyorkshire.com*

3. SPURN POINT: EINE NEUE INSEL AM ENDE DER WELT

50 Kilometer südöstlich von Hull trennt eine schmale Landzunge die Nordsee vom River Humber. In dieser markanten, windigen Dünenlandschaft findet man Einsamkeit, Seevögel und Zeugnisse der Militärgeschichte. Der Landstreifen verändert ständig seine Form und verlagert sich nach Westen: Zwei im Mittelalter bedeutende Hafenstädte liegen am Meeresboden.

Blick zum Spurn Head

Wer die fünf Kilometer vom Parkplatz bis zur Rettungsbootstation an der Landspitze Spurn Point zu Fuß zurücklegt, fühlt sich an einem besonderen Ort. Beiderseits liegen unter einem weiten Himmel endlos erscheinende Wasserflächen: rechts die riesige Mündung des Humber, links das Meer, nur 50 Meter Land dazwischen. Wind, Wellen und die Rufe der Vögel bestimmen die Geräuschkulisse.

Hebriden-Schafe

Mit Informationen zur Natur, Webcams und einem Café bildet das Spurn Discovery Centre den Auftakt zur Wanderung (als Alternative mietet man dort ein Mountainbike). Eine Tafel zeigt, welche

Vogelarten zuletzt gesichtet wurden. An verschiedenen Stellen auf der Mündungsseite der Landzunge befinden sich Verstecke für Vogelfreunde. Regenpfeifer, Strandläufer, Pfuhlschnepfen und andere Arten bevölkern die Schlammflächen und Salzwiesen auf der Mündungsseite. Spuren in den Dünen und am Sandstrand verraten, dass auch Rehe hier leben. Weniger scheu sind die schwarzen Schafe der abgehärteten Hebriden-Rasse, die auf der Landzunge weiden.

Die weite Humber-Mündung

Um zu den Schafen zu gelangen, muss man ein sandiges Hindernis, das „washover", überwinden. 2013 beschädigte eine Sturmflut die Straße, die auf einigen hundert Metern komplett weggespült wurde. Fahrzeuge mit Allradantrieb kommen durch, Wanderstiefel sinken in den Sand ein. Spurn Head ist nun genau genommen keine Landzunge mehr, sondern eine Insel, weil die „washover"-Strecke immer wieder überschwemmt wird. Bald ist die Betonpiste wieder erreicht. Hier und da tauchen aus dem schmalen Dünenrücken Eisenbahnschienen auf, queren die Fahrbahn diagonal und verschwinden wieder in Richtung Flussufer. Es handelt sich um die Überreste einer Strecke, die von 1915 bis 1951 das Dorf Kilnsea mit einem Militärstützpunkt an der Spitze der Landzunge verband.

Anwohner nutzten die Schienen für eigene Zwecke und sollen sogar Loren mit Segeln ausgestattet haben, um die reichlich vorhandene Windkraft auszunutzen.

Nahe der Landspitze steht ein Leuchtturm aus dem Jahr 1895. Er ist nicht mehr in Betrieb und kann zu bestimmten Zeiten (Auskunft vor Ort) besichtigt werden. Markierte Wege mit Tafeln informieren über die Schifffahrt, Natur und Militärgeschichte von Spurn Head. Das erste Fort auf Spurn Head entstand bereits 1805. Es gibt auch Reste einer Kommandozentrale aus dem Ersten Weltkrieg zur Überwachung der in die Humber-Mündung einlaufenden Schiffe – eine Antwort auf Angriffe der deutschen Kriegsmarine zu Kriegsbeginn. Ab 1956 wurden die Anlagen teilweise abgerissen, die Reste ab 2016 von Sand und Sträuchern befreit und für Besucher zugänglich gemacht.

Leuchtturm und alte Befestigungen am Spurn Head

Am Ufer steht ein zweiter Leuchtturm, der 1852 errichtete Low Light. Weiter südlich geht es zur Schiffsbrücke an der Rettungsbootstation und zur Spitze von Spurn Head, wo im Gestrüpp halb versteckte Fundamente von Artillerieanlagen aus dem Zweiten Weltkrieg einen Aussichtspunkt bieten. Mit etwas Glück sichtet man einen Zwerg- oder Schweinswal.

Der Nordseestrand an der Ostseite der Landzunge

INFO

Lage: Spurn Point liegt etwa 50 Kilometer südöstlich von Hull.

Aktivitäten:

- Spurn Point Nature Reserve/Spurn Discovery Centre Spurn Head: Spurn Road, Kilnsea HU12 0UH, *ywt.org.uk/nature-reserves/spurn-national-nature-reserve*

Einkehren:

- Café im Spurn Discovery Centre: *ywt.org.uk/spurn*
- Crown and Anchor: Kilnsea Road, Kilnsea HU12 0UB, Tel. +44 1964 650276, *crownandanchorkilnsea.co.uk*

Übernachten:

- Crown and Anchor: Kilnsea Road, Kilnsea HU12 0UB, Tel. +44 1964 650276, *crownandanchorkilnsea.co.uk*

Websites:

- *ywt.org.uk/spurn*
- Vogelstation im Dorf Kilnsea: *spurnbirdobservatory.co.uk*

Hinweis: Bei Flut ist es gefährlich, den „washover" zu überqueren; Gezeiten auf *tidetimes.org.uk/spurn-head-tide-times*

4. Der Menhir von Rudston: eine rituelle Landschaft der Neusteinzeit

Der höchste Menhir der britischen Inseln befindet sich nicht im weltberühmten Stonehenge, sondern auf dem Kirchhof eines beschaulichen Dorfs im südöstlichen Yorkshire. Er war anscheinend der Mittelpunkt einer ausgedehnten Kultlandschaft.

Der Menhir steht auf dem Kirchhof.

Ein Kirchhof mit gepflegtem Rasen, Bäumen und verwitterten Gräbern umgibt die All Saints' Church in Rudston. So weit, so typisch für das ländliche England. Was diese von ähnlichen Dorfkirchen unterscheidet ist ein 7,7 Meter hoher, aufrechter Stein nahe deren Nordostecke. Er ist 1,8 Meter breit und 76 Zentimeter dick, wiegt etwa 40 Tonnen und besteht aus einem groben Sandstein, der 16 Kilometer weiter nördlich vorkommt. Der „Rudston monolith" gehörte wohl zu einer bedeutenden Kultstätte, der ca. 3100 v. Chr. errichtet wurde. Mehr als 3000 Jahre später besetzte das Christentum die Erhebung, auf dem der Stein steht.

7,7 Meter hoch ist der Stein von Rudstone.

Rund um das Dorf fanden Archäologen Spuren von vier „Cursus"-Monumenten. Ein Cursus ist ein langer, rechteckiger Erdbau. Cursus D hat eine Länge von vier Kilometer und eine Breite von 50 bis 90 Meter. Sein südliches Ende befindet sich unter dem heutigen Dorf und erstreckt sich nördlich zur Siedlung Burton Fleming, wo Reste eines „Henge" (ein rundes oder ovales Erdwerk) entdeckt wurden. Der Zweck eines Cursus ist unbekannt. Möglicherweise dienten sie Prozessionen und kultischen Handlungen.

Leichter zu erklären ist der Umstand, dass neusteinzeitliche Anlagen gerade hier entstanden. Rudston liegt am Gipse Rice, einem Wasserlauf, der in der porösen Kreidelandschaft sowohl ober- als auch unterirdisch verläuft und in trockenen Jahren von der Oberfläche verschwindet. Zweimal verändert das Bachbett plötzlich die Richtung – in Burton Fleming und wieder in Rudston, wo es nach Westen abknickt, um das Meer bei Bridlington zu erreichen. Diese Wasserquelle in einer sonst trockenen Landschaft muss für die Menschen in prähistorischer Zeit wichtig und auch geheimnisvoll gewesen sein.

Ausgrabung einer römischen Villa

Mosaik in der Villa

Nur auf Luftbildern sind die Anlagen um Rudston ersichtlich. In der Kirche, die um das Jahr 1100 entstand und im 13. und im 14. Jahrhundert erweitert wurde, erklären ein Modell und Infotafeln diese Geschichte. Auch die Römer besiedelten diese Gegend – südwestlich von Rudston befand sich eine stattliche Villa mit Bädern und Mosaiken, darunter Darstellungen der Göttin Venus und eines Wagenrennens, die im Hull and East Riding Museum in Hull zu sehen sind.

All Saints' Church ist eine typische englische Dorfkirche.

INFO

Lage: Zehn Kilometer westlich von Bridlington

Websites:

- *rudstonheritage.org.uk*
- *humbermuseums.com*

Einkehren/Übernachten: Rudston ist ein kleines Dorf ohne touristische Infrastruktur. Hotels und Gastronomie findet man in den nahen Badeorten Bridlington und Filey.

5. Bempton Cliffs: hunderttausend Seevögel

Die spektakulärste Steilküste Nordenglands bilden die Kalksteinklippen um die Halbinsel Flamborough Head. Auf der Nordseite, den Bempton Cliffs, schaut man hinunter auf Seevögel – Papageientaucher, Basstölpel und Trottellummen.

Zugang zu den teilweise über 100 Meter hohen Kalksteinklippen bieten der Küstenfernweg aus beiden Richtungen und das Besucherzentrum des RSPB (Royal Society for the Protection of Birds, ein 1899 gegründeter Vogelschutzverein) nördlich des Dorfes

Blick nach Norden an den Bempton Cliffs

Bempton. Hier kann man sich informieren, im Café stärken und ein Fernglas leihen. Gut befestigte und mit Zäunen gesicherte Aussichtsterrassen am Klippenrand gewähren einen atemberaubenden Blick auf die Felswände, wo zwischen April und Spätsommer Abertausende Vögel ihre Eier ausbrüten und Junge aufziehen. Ebenso beeindruckend ist der Blick von unten, wenn man einen Bootsausflug ab Bridlington unternimmt.

Publikumsliebling ist der Papageientaucher mit seinem bunten Schnabel. Zahlreicher sind die großen Basstölpel mit gelbem Kopf, die schwarz-weißen Trottellummen mit ihren hektischen Flugbewegungen und die Dreizehenmöwen, deren englischer Name

Das Geschrei tausender Seevögel ist zu hören.

„kittiwake" ihren dreisilbigen Ruf wiedergibt. Große Bildtafeln helfen bei der Bestimmung dieser und weiterer Arten, zum Beispiel Krähenscharbe, Eissturmvogel und Tordalk. Sie fliegen pausenlos hin und her, hocken beharrlich an engsten Vorsprüngen und wehren sich mit großem Geschrei gegen zu nahe kommende Artgenossen.

Der schmale Nistplatz eines Basstölpels

Lohnend ist die Weiterfahrt nach Westen zu den verwunschenen Buchten der Thornwick Bay und zu den beiden historischen Leuchttürmen (1669 bzw. 1806 errichtet) am westlichsten Punkt von Flamborough Head. Die Strände North Landing (über die North Marine Road ab Flamborough) und South Landing (South Sea Road ab Flamborough) eignen sich für „rock pooling" – die Entdeckung der Meeresfauna und -flora in Felstümpeln bei Ebbe.

INFO

Lage: Bempton liegt etwa sieben Kilometer von Bridlington. Zu den Cliffs geht es von Bempton aus etwa zwei Kilometer über die Cliff Lane.

Website: *rspb.org.uk*

Aktivitäten:

- Besucherzentrum des RSPB
- Besichtigung vom Wasser aus: mit dem Boot Yorkshire Belle ab Bridlington. Verschiedene Fahrten, zum Beispiel zum Leuchtturm Flamborough Head und zu den Bempton Cliffs; Tel. +44 7774 193404, *yorkshire-belle.co.uk*

Lage: Café im Besucherzentrum, zwei Pubs und zwei Fish & Chips-Lokale an der High Street im Dorf Flamborough

Übernachten auf der Halbinsel Flamborough und im benachbarten Bridlington: *discoveryorkshirecoast.com*

6. Filey: ein herrlich altmodisches Seebad

Englische Badeorte zeichnen sich oft durch lärmende Rummelplätze und Spielhallen aus. Filey dagegen besticht mit gediegener Ruhe und Sandstränden an einer acht Kilometer langen Bucht, die weit weniger besucht wird als die Nachbarstädte Scarborough und Bridlington.

Die Kirche St. Oswald in Filey

Der Strand von Filey bei Ebbe

Die lange Kurve der Filey Bay begrenzen im Süden die Klippen des Flamborough Head, im Norden die felsige Landzunge Filey Brigg, wo manchmal Robben zu sehen sind. Dazwischen erstreckt sich ein sauberer Sandstrand, der bei Ebbe recht breit ist. Filey kommt beinahe vollständig ohne Kitsch und Daddelbuden aus – nur an der nördlichen Strandpromenade nahe der Rettungsbootstation ist etwas davon zu sehen. Hier führt ein Weg auf der rechten Seite der grünen Schlucht Church Ravine zur mittelalterlichen Kirche St Oswald hinauf. Von dort kann man an alten Häusern vorbei in die Stadtmitte spazieren.

Am südlichen Strandabschnitt steigt das Terrain steil an. So hat man von den gepflegten Gärten Crescent Gardens und Glen Gardens einen weiten Meerblick. Die eleganten Häuser dahinter an der Straße The Crescent mit ihren weißen Stuckfassaden entstanden in der ersten Hälfte des 19. Jahrhunderts, als Filey zu einem vornehmen Urlaubsort aufstieg. Das Café in den Glen Gardens serviert einen üppigen Nachmittagstee. Die Kalorien kann man bei einer

Wanderung abbauen: vier Kilometer läuft man am Strand oder an den Klippen nach Süden zum Hunmanby Gap, um eine herrliche Aussicht von den Terrassen des Beach Café zu genießen. Stellenweise sind bei Niedrigwasser die Überreste von Schiffswracks zu sehen. In nördlicher Richtung führt der Küstenpfad zum Filey Brigg (fünf Kilometer hin und zurück). Außerdem liegt der Badeort am Start- bzw. Endpunkt zweier Fernwanderwege. Der Cleveland Way verläuft nach Norden entlang der Küste zum Nationalpark North York Moors, der Yorkshire Wolds Way durch die Hügellandschaft im Hinterland.

Häuser mit Meerblick an den Crescent Gardens

Ein Hummer als Hindernis beim Mini-Golf

INFO

Lage: Filey liegt elf Kilometer südlich von Scarborough.

Website: *discoveryorkshirecoast.com/filey*

Aktivitäten:

- Fernwanderwege: *nationaltrail.co.uk*

Einkehren:

- Waterside Restaurant: englische und internationale Küche mit einem gewissen Anspruch; im Boutiquehotel Downcliffe House, The Beach, Tel. 01723 51 33 10, *downcliffehouse.co.uk*
- Beach Café, Hunmanby Gap: Sands Road, Filey YO14 9QW, Tel. +44 1723 892945
- Glen Gardens Café: 38 The Crescent, Filey YO14 9JX

Übernachten:

- Filey Grange Guesthouse: Eine Adresse für alle, die das üppige English breakfast zu festen Zeiten nicht schätzen: Gäste genießen ein gesundes Frühstück auf ihrem Zimmer zur Uhrzeit, die ihnen passt; 27 West Avenue, Filey YO14 9AX, Tel. +44 1723 513396, *fileygrange.co.uk*

Durham und das nördliche Pennine-Gebirge

Bei Killhope

Durham und das nördliche Pennine-Gebirge

7. The National Museum of the Royal Navy: eine Fregatte aus glorreichen Zeiten
8. Castle Eden Dene: ein nordenglischer Urwald
9. Nose's Point: die Sanierung einer geschundenen Küste
10. Auckland Castle: Park und Palast der Fürstbischöfe
11. Raby Castle: malerisch und geschichtsträchtig
12. Barnard Castle: englische Marktstadt, französisches Château
13. Brough Castle: eine mittelalterliche Burgruine
14. Das obere Teesdale: Wasserfälle, Torfmoor und seltene Pflanzen
15. Killhope: ein Bleibergwerk in einsamer Landschaft

Longframlington
Otterburn
Widdrington
Morpeth
Bellingham
A68
A696
A1
Northumberland Nationalpark
Longbenton
South Shields
Nordsee
Heaton
Haltwhistle
A69
Gateshead
Newcastle upon Tyne
Hexham
Sunderland
A686
A68
9
Alston
15
Durham
8
A689
7
10
Hartlepo
14
Bishop Auckland
Middleton in Teesdale
A19
11
Stockton-on-Tees
12
13
Warcop
Thornaby
A67
Darlington
Guisborough
A66
A1(M)
Kirkby Stephen
North York Moors Nationalpark
Northallerton
Yorkshire Dales Nationalpark
A684
A684
Aysgarth
Middleham
Helmsley
Horton in Ribblesdale
Kirkby Malzeard
Dalton
Ingleton
Ripon

7. THE NATIONAL MUSEUM OF THE ROYAL NAVY: EINE FREGATTE AUS GLORREICHEN ZEITEN

Die große Attraktion in Hartlepool, einer 90.000-Einwohner-Stadt an der Nordsee, ist der historische Kai mit dem Kriegsschiff HMS Trincomalee. Um die Fregatte herum wird das Hafenleben im 18. Jahrhundert dargestellt.

Bugsprit der Trincomalee und historische Hafenbauten

Das älteste noch schwimmende Schiff Großbritanniens lief 1817 in Bombay vom Stapel. Der Dreimaster mit 46 Geschützen war eins von 15 Schiffen, die der Meister Jamsetjee Bomanjee für die Royal Navy baute. In England war geeignetes Holz damals Mangelware, aber die indische Werft konnte Teak verwenden. Auch nach Umbauten im 19. Jahrhundert und einer gründlichen Restaurierung 1990 bis 2002 für die neue Rolle als Museumsschiff sind 60 Prozent der Originalplanken noch vorhanden.

Mit großem Aufwand wurde die Fregatte wiederhergestellt. Die Geschütze am Außendeck sind zwar Attrappen, aber in den Zwischendecks findet sich eine überzeugende Darstellung des Lebens an Bord, von der geräumigen Kabine des Kapitäns mit gedecktem Tisch bis zu den extrem engen Quartieren der Matrosen mit Hängematten und Küche. Steile Treppen führen zum mit Fässern, Säcken und Tauen vollgeladenen Stauraum im Schiffsrumpf hinab. Außen besticht das Schiff mit zwei hölzernen Kunstwerken – ein Katzengesicht am Ankerbalken und die Galionsfigur mit Turban aus dem

In den Häusern am Kai werden Szenen des Hafenlebens dargestellt: Schwertschmied, Taverne, Schneider von Marineuniformen

Der Dreimaster aus dem Jahr 1817 wurde umfassend restauriert.

Jahr 1845. Letztere soll wahrscheinlich einen Menschen aus Sri Lanka darstellen, denn die Trincomalee erhielt ihren Namen von einem Seegefecht zwischen Briten und Franzosen 1782 vor der Küste dieser Insel.

In den historischen Häusern am Kai wurde ein Hafenambiente aus alter Zeit zum Leben erweckt. Nachgestellte Szenen zeigen die Läden eines Schwertschmieds, eines Büchsenmachers und eines auf Marineuniformen spezialisierten Schneiders. Es gibt eine Druckerei, das feine Wohnhaus eines Kapitäns und eine Hafentaverne, alles mit entsprechender Geräuschkulisse. Darüber, in den Dachetagen mehrerer Häuser, stellt die Multimedia-Ausstellung „Fighting Ships" das Leben auf einem Marineschiff während der Kriege gegen Napoleon dar. An dieser als glorreich gefeierten Epoche britischer Geschichte nahm die Trincomalee nicht mehr teil. Sie verließ die Werft in Bombay erst nach Kriegsende, wurde in England sofort abgetakelt und blieb fast 30 Jahre ohne Aufgabe. 1845 bis 1850 segelte sie nach einer Modernisierung auf Patrouille nach Nordamerika und in die Karibik, 1852 bis 1856 in den Pazifischen Ozean. Danach diente sie als Ausbildungsschiff der Marine und im 20. Jahrhundert als Trainingsschiff für Jugendliche.

Wer mehr über die Stadt Hartlepool und deren Schifffahrt- und Industriegeschichte erfahren möchte, findet das Museum of Hartlepool direkt neben dem Kai.

INFO

Lage: Jackson Dock, Maritime Avenue, Hartlepool TS24 0XZ

Website: *nmrn.org.uk/hartlepool*

Übernachten:

- Hartlepool ist einen Ausflug wert, aber zum Übernachten in charmanter Umgebung eignet sich eher die grafschaftliche Hauptstadt Durham, *thisisdurham.com/accommodation*

Einkehren:

- Am Museumskai gibt es ein Café mit einfachen Mahlzeiten.

8. Castle Eden Dene: ein nordenglischer Urwald

In einem engen, verzweigten Tal an der Küste der Grafschaft Durham liegt ein zauberhafter Wald, eine abgeschiedene Welt für sich. Das Wort „Dene" bezeichnet eine Besonderheit dieser Küste: ein Tal mit Schluchten und Klippen, das vor 10.000 Jahren durch das abfließende Wasser der Gletscherschmelze tief in den Kalkstein eingeschnitten wurde.

Zwischen den Städten Sunderland und Hartlepool gibt es acht solche Denes. Die mit 5,6 Kilometern längste und schönste davon ist Castle Eden Dene. Weil die steilen Hänge für die Landwirtschaft ungünstig sind, blieb dieses Tal von Menschenhand fast unberührt. Ein natürlicher Wald aus Eiben, Eichen und Eschen sowie eine kalkliebende Flora mit über 450 Spezies bilden ein Biotop für viele Insekten- und Vogelarten. Eine 221 Hektar große Fläche erhielt den Status eines National Nature Reserve und wurde durch ein Informationszentrum und markierte Wanderwege für Besucher erschlossen. Vom Parkplatz aus steigt man direkt steil hinab in eine schattige Welt von hohen Bäumen und dichtem Unterholz. Unsichtbare Vögel zwitschern, mit etwas Glück erspäht man oben über den Bäumen einen Sperber, unten im Gestrüpp eine Waldschnepfe. Der Wildwuchs ist ein seltenes Relikt der ausgedehnten Wälder, die vor Jahrtausenden das ganze Land bedeckten.

Gletscherschmelzen vor 10.000 Jahren schufen das tief eingeschnittene Tal.

In einigen Seitentälern plätschern kleine Bäche und münden in den größeren Castle Eden Burn, aber in trockenen Jahren fließt zeitweise kein Wasser am Talende in die Nordsee, sondern versickert im porösen Kalkstein. Infolge der Verzweigungen und fehlender Übersicht kann man sich leicht verlaufen. Es empfiehlt sich deshalb, einen der markierten Wege zu wählen – der Squirrel Walk (Eichhörnchenspaziergang) ist etwa drei Kilometer, der weiter unten gelegene Yew Tree Walk (Eibe) 3,5 Kilometer lang. Gutes Schuhwerk ist empfehlenswert, außerdem ein wenig Kondition, denn es geht auf und ab.

Wer im Frühling hier wandert, sieht stellenweise Schlüsselblumen und einen ausgedehnten Teppich aus Bärlauch oder Hasenglöckchen. Etwas später im Jahr blühen Nelkenwurz und Lichtnelke. An den Bachläufen gedeihen Moose und Farnkraut, beispielsweise Hirschzungenfarn. Die einzigen größeren Tiere sind Rehe und Füchse.

Ein dichter Bärlauchteppich am Waldboden

INFO

Lage: Besucherzentrum Stanhope Chase, Peterlee SR8 1NJ

Website: *thisisdurham.com/things-to-do/castle-eden-dene-national-nature-reserve-p21431*

Einkehren: Einfaches Café im Besucherzentrum, Lokale in der Stadtmitte Peterlee.

9. Nose's Point: die Sanierung einer geschundenen Küste

An der Steilküste südlich von Seaham, bei einem Spaziergang ab dem Vorsprung Nose's Point, schweift der Blick weit über die Nordsee. Eine Felsnadel ragt hoch aus dem Meer, es folgen Buchten zwischen weiß-gelblichen Kalksteinklippen. Man steigt in tief eingeschnittene, bewaldete Täler hinab und zur Blütenpracht auf offenen Wiesen wieder hinauf.

Die Steilküste südlich von Seaham

Eine Idylle? Jein! Noch in den 1990er-Jahren war der Küstenabschnitt durch eine Umweltkatastrophe verschandelt. Die Grafschaft Durham lebte bis dahin vom Abbau der Steinkohlevorkommen. Als in den 1980ern die Regierung unter Margaret Thatcher nach erbitterten Kämpfen Schließungen durchsetzte, hatten die Bergwerke die Landschaft gründlich ruiniert. Der Abraum wurde jahrzehntelang am Küstenstreifen abgelagert oder über die Klippen ins Meer

In manchen Abschnitten überlagert Abraum aus dem Kohlebergbau noch die ursprüngliche Strandfläche.

gekippt. Das Land war verseucht, die Strände schwarz. Im Süden der Stadt Seaham, deren Hafen im 19. Jahrhundert für den Kohletransport ausgebaut wurde, blieb das Bergwerk Dawdon bis 1991 in Betrieb. Auch Stahlwerke verschmutzten die Küste. Der Blast Beach (Blast Furnace = Hochofen) bei Nose's Point wurde zur Filmkulisse, als es galt, für „Alien 3" einen albtraumhaft verwüsteten Planeten darzustellen.

Seit 1991 säubern die Tiden diesen Strand. 500 Meter südlich vom Parkplatz Nose's Point führen Stufen zum Strand Frenchman's Cove. Am Spülsaum entlang zu schlendern oder Fossilien zu suchen ist ein wahres Vergnügen, allerdings verweist hier und da die dunkle Farbe des Sandes und der Teiche unterhalb der Klippen, in denen man nicht baden sollte, auf Spuren des ehemaligen Zustands. Zum Baden ist die Nordsee hier sauber genug, aber kalt. Oben am Küstenweg erläutern Bildtafeln die industrielle Vergangenheit.

Seit der Jahrtausendwende wurde der Küstenstreifen oberhalb der Strände mit großem Aufwand verwandelt, die Abraumhalden entfernt. Südlich von Nose's Point wurden 500.000 Tonnen Material abtransportiert und eine neue Wiesenlandschaft am Gelände des Bergwerks Horden geschaffen. Der nun befreite Klippenstreifen ist

Ein weiter Blick auf die Nordsee hinaus von den Kalksteinklippen

ein besonderes Biotop, denn auf dem Kalksteinboden – die Klippen bestehen aus Karbonat-Gestein, teilweise Dolomit – gedeiht eine farbenprächtige Flora. Gelb blühender Hornklee und Blutstorchschnabel sind hier auffällig. Das Gelbe Sonnenröschen liefert Futter für die Larven eines nur hier vorkommenden Schmetterlings, genannt Durham Argus, ein Verwandter des Sonnenröschen-Bläulings. Am Himmel sieht und hört man die Lerche, die wie andere Bodennister hier in hohen Gräsern brütet.

Von Nose's Point kann man auf dem Küstenweg weit nach Süden wandern. Teilweise verläuft der Pfad direkt an der Bahnstrecke, die tiefe Täler („Denes", siehe Tipp 8) auf beeindruckenden Viadukten überquert. Für eine längere Wanderung (ca. zwölf Kilometer, drei Stunden) fährt man mit der Bahn von Seaham nach Horden. Am Bahnhof dort geht es über die Straße Southeast View, dann jeweils links in die Third Street, Cotsford Lane und Acacia Avenue, hinter der Fußgängerbrücke links zum Strand hinunter, schließlich auf dem markierten Coast Path nach Seaham zurück.

Ein markierter Fernwanderweg führt entlang der Küste.

INFO

Lage: Nose's Point Car Park, East Cliff Road SR7 7PS, zwei Kilometer südlich von Seaham

Website: *durhamheritagecoast.org/explore/noses-point*

Aktivitäten:

- Durham Heritage Coast Path: vom Südufer des Flusses Wear in Sunderland bis Hartlepool, ca. 32 Kilömeter. Der gelbe Pfeil auf blauem Hintergrund zeigt den Weg.

Einkehren:

- Am Platz mit Meerblick in der Stadtmitte von Seaham gibt es die traditionellen Lokale eines englischen Badeorts mit Fish & Chips, zum Beispiel Humbles, 10 North Terrace, Seaham SR7 7EU, *humblescafebistro.co.uk*
- Lickety Split Creamery: Eissalon im Retrostil; 13 North Terrace, Seaham SR7 7EU, *lickety-split.co.uk*

Übernachten:

- B&Bs in Seaham: *thisisdurham.com/accommodation*
- Seaham Hall Hotel: berühmte 5-Sterne-Adresse; Lord Byron's Walk, Seaham SR7 7AG, *seaham-hall.co.uk*

10. AUCKLAND CASTLE: PARK UND PALAST DER FÜRSTBISCHÖFE

Die 25.000-Einwohner-Stadt Bishop Auckland macht keinen wohlhabenden Eindruck – bis man am Marktplatz das Tor zum Bischofspark erreicht. Ab hier zeugt alles vom feudalen Wohlstand der Kirchenfürste, die im Auftrag englischer Monarchen für Ordnung im fernen Norden sorgten und das Königreich gegen die Schotten verteidigten.

Uhrturm am Eingang zum Bischofspalast

750 Jahre lang – bis zu den 1830er-Jahren – herrschten die Bischöfe von Durham über eine teils autonome Pfalzgrafschaft, erhoben eigene Steuern und unterhielten eine Privatarmee. Ihre Bischofskirche und ihre Burg in der Stadt Durham sind eine vielbesuchte UNESCO-Weltkulturerbestätte, ihre wunderschöne Hauptresidenz Auckland Castle mit Wildpark dagegen ist weniger bekannt. An der Mündung des kleinen Flusses Gaunless in den breiten River

Einst Banketthalle, jetzt Kapelle der Bischöfe von Durham

Wear entstand im Jahr 1183 der erste bischöfliche Landsitz. In seinem heutigen Zustand besitzt Auckland Castle eher den Charakter eines Schlosses als einer Wehrburg und glänzt mit Interieurs, die im späten 18. Jahrhundert neugotisch ausgestattet wurden. Unter den prächtigsten Räumen sind die im Ursprung mittelalterliche Kapelle St. Peter, die bis 1660 als Bankethalle diente, und der Thronsaal.

Alter Baumbestand im Park der Bischöfe

Die Verwaltung der Diözese nutzt noch einen Flügel des Palasts, aber die Bischöfe wohnen nicht mehr dort: 2012 kaufte der Londoner Finanzier Jonathan Ruffer das Ensemble samt Einrichtung und Kunstwerken. Ruffer hat das „Auckland Project" initiiert und viele Millionen in eine behutsame Restaurierung des Palasts investiert. Er sammelt Gemälde alter spanischer Meister. Von besonderem Interesse war für ihn der Zyklus „Jakob und seine zwölf Söhne" des Malers Francisco de Zurbarán (1598–1664), den Bischof Trevor 1756 erwarb. Heute werden diese Bilder im ehemaligen Speisesaal präsentiert, während eine neu geschaffene Bishop Trevor Gallery wechselnden Kunstausstellungen gewidmet ist. Seit Ende 2019 sind 17 Säle für die Öffentlichkeit zugänglich. Neben den Staatsräumen handelt es sich auch um die Wohnquartiere der Bischöfe, deren geschichtliche Rolle vom Mittelalter bis ins 20. Jahrhundert dort erläutert wird.

Das Auckland Projekt hat noch vieles vor und will die Stadt Bishop Auckland in den kommenden Jahren weiter aufwerten. Am Marktplatz vor dem Palasttor steht der 29 Meter hohe Auckland Tower mit Aussichtsplattform. Gegenüber zeigt die Mining Art Gallery Kunst zum Thema Kohlebergbau, die einstige Haupterwerbsquelle der Grafschaft Durham.

Zu einem Besuch von Auckland Castle gehört unbedingt ein Spaziergang im hinreißend schönen Deer Park der Bischöfe. Dieser Wildpark wartet mit gepflegtem Rasen, uralten Bäumen und Wegen durch das hügelige Gelände auf: hinunter zum plätschernden Gaunless, hinauf zum Deer House, einem burgähnlichen neugotischen Bauwerk, in dem das Rotwildherde der Bischöfe zusammengetrieben wurde.

Das hügelige Parkgelände fällt zum Fluss Gaunless ab.

Ein prächtiges neugotisches Gehege für die Rotwildherde

INFO

Lage: Marketplace, Bishop Auckland DL14 7NJ

Websites:

- *aucklandproject.org*
- *thisisdurham.com*

Aktivitäten:

- Auckland Castle und Mining Art Gallery: Tickets im Auckland Tower am Marketplace; 58 Kingsway, Bishop Auckland DL14 7JF, *aucklandproject.org/venues/auckland-castle und aucklandproject.org/venues/mining-art-gallery*

Einkehren:

- Bishop's Kitchen: Café im Auckland Castle. Man kann Picknickkörbe online bestellen und die feinen Zutaten im Park genießen; *bishopskitchen.co.uk*

Übernachten: Das Auckland Project plant ein neues Boutique-Hotel am Marktplatz. Bis es soweit ist, empfiehlt sich das Übernachten in der Stadt Durham, *thisisdurham.com/accommodation*

11. RABY CASTLE: MALERISCH UND GESCHICHTSTRÄCHTIG

Zu einer England-Reise gehört unbedingt ein Schlossbesuch. Die Palette reicht von relativ bescheidenen mittelalterlichen Wohnanlagen bis zu palastartigen Schlössern im klassizistischen Stil. Manche, darunter Raby Castle, besitzen den besonderen Reiz, dass sie sich noch im Besitz einer Familie befinden, die seit Jahrhunderten dort wohnt.

Raby Castle liegt eingebettet in einer Landschaft aus Seen und alten Bäumen.

Aufgrund der geografischen Lage im Nordosten gehört Raby nicht zu den bekanntesten Schlössern, aber sicher zu den romantischsten. Die äußere Erscheinung prägen neun starke Türme, die meisten davon im 14. Jahrhundert erbaut. Zu dieser Zeit stieg die Familie Neville zu einer der mächtigsten Dynastien Englands auf. Raby Castle war ihr bevorzugter Wohnsitz – zwar befestigt, doch keine ausgesprochene Trutzburg. In Kriegszeiten diente das nördlich gelegene Brancepeth Castle als Festung, in Friedenszeiten feierte man in der Bankettalle zu Raby. In dieser Burg wurde englische Geschichte geschrieben. Cicely Neville, Mutter der Könige Edward IV. und Richard III., wurde hier geboren. Am Anfang der Rebellion des Jahres 1569, als katholische Adlige aus Nordengland die protestantische Königin Elizabeth I. stürzen und die schottische Maria Stuart auf den Thron setzen wollten, sollen sich 700 Ritter auf Raby Castle versammelt haben. Der Misserfolg des Aufstands bedeutete das Aus für die Nevilles. Ihr Besitz fiel an die Krone, später ab 1626 an die Familie Vane.

Der heutige Burgherr heißt Henry Francis Cecil Vane, zwölfter Baron Barnard. Mütterlicherseits ist er Nachkomme der Nevilles. Sein Vater, der elfte Lord Barnard, wohnte bis zu seinem Tod 2016 im Clifford Tower, dem 23 Meter hohen Eckturm, den man direkt nach dem Passieren des äußeren Torhauses sieht. Barnard ist der gute Erhaltungszustand der historischen Interieurs zu verdanken.

Blick von der Burgterrasse auf den Landschaftspark

Auch Blumenrabatte, Brunnen und Eibenhecken gehören zum Rittergut.

Sein Sohn bewohnt mit der Familie ein modern eingerichtetes Haus auf dem Gut. Für die weitere Nachfolge ist gesorgt – 2005 wurde der Erbe William Henry Cecil Vane in der Kapelle aus den 1360er-Jahren getauft.

Sehenswert sind die Innenräume. Während des Bürgerkriegs 1648 musste Raby Castle einer Belagerung standhalten. Dann kehrten ruhigere Zeiten ein. Im 18. Jahrhundert erst wurde aus den mittelalterlichen Bauten ein bequemer Adelssitz mit prunkvollen Interieurs und einem Landschaftspark. Weitere Umgestaltungen der Räume datieren aus der Mitte und dem Ende des 19. Jahrhunderts, seitdem wurde kaum etwas verändert. Besucher sehen Gemälde alter flämischer, niederländischer und englischer Meister, kostbare europäische und fernöstliche Einrichtungen – Möbel und Leuchter, Porzellan und Skulpturen, verzierte Kamine und Uhren. Zu den Höhepunkten gehört ein achteckiger Salon, der Octagon Drawing Room, im Zustand der 1840er-Jahre mit den originalen Vorhängen aus roter und goldener Seide sowie einer vergoldeten Stuckdecke. Die Erhöhung der Gewölbe, um die neugotische

Eingangshalle zu gestalten, ging leider zu Lasten der darüber befindlichen mittelalterlichen Banketthalle. Letztere verlor dadurch an Höhe, ist mit ihrer 600 Jahre alten Musikerempore trotzdem ein beeindruckender Raum.

Der Wildpark mit zwei Seen lädt zu einem ausgedehnten Spaziergang oder zum Radeln mit einem Mietfahrrad ein. Wunderschön sind die Hecken und Blumenrabatten im ummauerten Garten. Ein Blick auf die alten Gefährte im Coach House rundet den Besuch ab.

Die Burgtürme stammen aus dem 14. Jahrhundert.

INFO

Lage: Staindrop DL2 3AH. Auch das benachbarte Dorf Staindrop ist sehenswert.

Websites: *raby.co.uk*

Einkehren:

- Yurt Cafe: in den ehemaligen Stallungen auf dem Gelände, *raby.co.uk/raby-castle/shop-eat*

12. BARNARD CASTLE: ENGLISCHE MARKTSTADT, FRANZÖSISCHES CHÂTEAU

Die Siedlung am bewaldeten Ufer des River Tees gibt mit Burg und breiten Marktplätzen das typische Bild einer historischen Kleinstadt ab und ist ein guter Ausgangspunkt für Wanderungen im Tees-Tal. Sie birgt auch eine Überraschung: ein französisch anmutendes Schloss mit hervorragenden Kunstsammlungen.

Historische Bauten säumen die Hauptstraßen von Barnard Castle.

Das Market Cross aus dem 18. Jahrhundert

Die Marktstraßen Galgate und Horse Market bilden die L-förmige Hauptachse einer Stadtmitte, die dem Wandel der Zeit zu trotzen scheint. Zum einen stammen die meisten Häuser mit ihren Steinfassaden aus vergangenen Jahrhunderten, was ein einheitliches Stadtbild ergibt. Zum anderen ist der Niedergang des Einzelhandels, der in anderen Orten zu heruntergekommenen Geschäftsstraßen führt, hier nicht erkennbar. Es gibt traditionelle Obsthändler, Bäcker und Metzger, Galerien, Buchhandlungen, Modeboutiquen und Antiquitätengeschäfte, schicke Cafés und einige Pubs. Markttag ist Mittwoch.

Am unteren Ende des Horse Market steht das Market Cross – kein Kreuz, sondern ein achteckiges Bauwerk aus dem Jahr 1747, das früher Mittelpunkt des Marktgeschehens war. Die benachbarte St Mary's Church geht auf das

12. Jahrhundert zurück. Südlich des Market Cross führt die Straße The Bank steil abwärts. Hier beeindrucken einige historische Häuser, zum Beispiel das 500 Jahre alte Blagraves House, heute ein Restaurant. Am unteren Ende führt die Gray Lane nach links zu einer offenen Grünfläche am Fluss. Geradeaus zeugt die Bebauung an der Straße Thorngate von der ehemaligen Wollindustrie: Fensterreihen in den Obergeschossen der Häuser spendeten den Webern Licht. Die Wollfabriken am Fluss wurden mittlerweile zu schönen Wohnungen umgebaut.

Barnard Castle

Am oberen Ende des Horse Market, an der Kreuzung mit Galgate, geht es an einer Kirche vorbei durch eine Grünanlage und zur Burg. Der Namensgeber der Stadt Bernard de Balliol erneuerte sie als Steinbau in der zweiten Hälfte des 12. Jahrhunderts. Im 15. Jahrhundert war die Festung im Besitz des Königs Richard III. (reg. 1483–1485). Sein Wappentier, ein Eber, sieht man als Steinmetzarbeit über einem Fenster im inneren Burghof. Nach Richards Tod verfiel die Burg und ist heute eine romantische Ruine mit Blick auf die Schlucht des River Tees. Unterhalb liegt eine schöne Brücke aus dem 16. Jahrhundert.

Reste der Abtei Egglestone

Der 148 Kilometer lange Teesdale Way passiert die Burg und bietet sich für einen etwa 40-minütigen Spaziergang am Fluss an, in Richtung Osten bis zu den Ruinen der Egglestone Abbey am Südufer, die man über eine Steinbrücke erreicht. Von der Abteikirche und dem Wohntrakt der Prämonstratensermönche stehen erhebliche Ruinenstücke in erhöhter Lage am Fluss.

Am östlichen Stadtrand erhebt sich das Bowes Museum, stilistisch ein schöner Fremdkörper in der historischen Kleinstadt. John Bowes (1811–1885), Spross einer durch Grundbesitz und Kohle-

Das Chateau im französischen Stil beherbergt eine Sammlung erlesener Kunstwerke.

bergbau reichen Adelsfamilie, verbrachte viele Jahre in Paris und heiratete eine französische Schauspielerin, die seine Leidenschaft für die Kunst teilte. Um ihre erlesene, aus 15.000 Exponaten bestehende Sammlung der Öffentlichkeit zu präsentieren, bauten sie das barocke Schloss, in dem heute eine Fülle von Gemälden, Wandteppichen, Porzellan, Metall- und Glasarbeiten, Uhren, Musikinstrumenten und Möbeln zu sehen sind. Werke von El Greco, Goya und Canaletto sind vertreten, aber das berühmteste Stück ist ein mechanischer silberner Schwan aus dem 18. Jahrhundert, der sich täglich um 14 Uhr nach dem Aufziehen die Federn putzt und einen Fisch fängt.

INFO

Lage: Barnard Castle DL12 8NP; 20 Kilometer westlich der Hauptroute nach Norden A1 (M) etwa auf der Höhe von Darlington

Websites:

- *barnardcastle.org.uk*
- *thisisdurham.com/things-to-do/barnard-castle-p22791*

Aktivitäten:

- Bowes Museum: Barnard Castle, County Durham, DL12 8NP, *thebowesmuseum.org.uk*
- Egglestone Abbey: Abbey Lane, Barnard Castle DL12 9TN, *www.english-heritage.org.uk/visit/places/egglestone-abbey*

Einkehren:

- Museumscafé im Bowes Museum
- The Rose & Crown: gemütliche historische Herberge mit ausgezeichneter Küche in einem Dorf nördlich von Barnard Castle; Romaldkirk DL12 9EB, Tel. +44 1833 650213, *rose-and-crown.co.uk*

Übernachten:

- Homelands Guest House: B&B in der Stadtmitte; 85 Galgate, Barnard Castle DL12 8ES, Tel. + 44 1833 638757, *www.homelandsguesthouse.co.uk*
- The Rose & Crown: Romaldkirk DL12 9EB, Tel. +44 1833 650213, *rose-and-crown.co.uk*

13. Brough Castle: eine mittelalterliche Burgruine

Die kleine Stadt Brough liegt am Stainmore Pass, wo eine Hauptroute von York nach Carlisle im Westen das nördliche Pennine-Gebirge überquert.

Die wichtige Straße sicherten die Römer im 1. Jahrhundert n. Chr. durch ein Fort. Seine Ausdehnung war dreimal so groß wie die der mittelalterliche Burganlage, die König William II. ab dem Jahr 1092 errichten ließ. Damals, nur 26 Jahre nach ihrer Eroberung von England, hatten die normannischen Könige Mühe, den Norden des Landes zu sichern. In Brough (sprich: Bruff, der Name bedeutet „Burg") nutzten sie Wälle und Gräben der römischen Festung, die man heute noch im Gelände erkennt. Sie belehnten treue Barone mit Burgen und Ländereien in Nordengland, um das Reich vor Angriffen aus Schottland zu schützen.

Brough Castle entstand auf dem Gelände eines römisches Forts.

Noch immer beeindrucken die Reste des viereckigen, hoch aufragenden Bergfrieds, obwohl das Dach fehlt und große Löcher in den Mauern klaffen. Er bietet einen weiten Blick westlich ins Tal des River Eden, nach Norden auf die Berge und nach Osten zum Stainmore Pass. Um das Jahr 1170 ersetzte dieser Bergfried einen früheren Bau, der durch einen Angriff der Schotten 1141 zerstört wurde. Eine hölzerne Treppe führt Besucher in die Höhe der ersten Etage, wo sich der ursprüngliche Eingang befand. In der Halle auf dieser Etage hielt der Burgherr Hof. Darüber lagen seine Privatgemächer, darunter die Lagerräume. Neben dem Bergfried erstreckt sich ein weiter, gepflasterter Hof, an dessen Nordseite Grundmauern der Küche und Wirtschaftsgebäude zu sehen sind.

Blick zum Burghof und Torhaus

Zwischen dem starken Eingangstor und dem runden Eckturm an der Südseite bestand noch bis ins 17. Jahrhundert eine adlige Residenz der Clifford-Familie. 1268 kamen die Cliffords durch Heirat in den Besitz von Brough Castle und nutzten es bis zu einem Brand im Jahr 1521. Später ließ Lady Anne Clifford (1590–1676) die Residenz instand setzen und wohnte im runden Eckturm. Sie hatte nach dem Tod ihres Vaters jahrzehntelang gegen ihren Onkel und dessen Sohn prozessiert, bis sie 1649 endlich ihr Erbe antreten konnte. Dann restaurierte sie nicht weniger als fünf mittelalterliche Burgen der Cliffords – drei davon stehen unweit von Brough in Brougham, Appleby und Pendragon, eine liegt weiter südlich in Skipton. Nach dem Tod von Lady Anne fielen die Besitztümer an ihren Enkel, der in Südengland wohnte und nur die Burg in Appleby als Residenz (heute ein Hotel) erhielt. Die Anlage in Brough verfiel, das Baumaterial aus dem Dach und die Einrichtung wurden verkauft.

Die mittelalterliche Kirche im Dorf Church Brough

Das Dorf Church Brough entstand gleichzeitig mit der Burg um einen Marktplatz. Hier stehen hübsche Steinhäuser. Einige Schritte weiter sieht man die Kirche St Michael in einem stimmungsvollen grünen Friedhof voller uralter Gräber. Etwas weiter nördlich jenseits der Schnellstraße befindet sich der zweite Ortsteil, Market Brough.

Blick vom Bergfried nach Westen ins Eden-Tal

INFO

Lage: Brough CA17 4DU; an der A66, südöstlich von Penrith

Websites: *visitcumbria.com/evnp/brough-castle/*

Aktivitäten:

- Brough Castle: Church Brough CA17 4EJ; *visitcumbria.com/evnp/brough-castle* und *www.english-heritage.org.uk/visit/places/brough-castle*

Einkehren:

- Brough Castle Farm: Café und Eisdiele direkt neben der Burg, Tel. +44 17683 41219, *facebook.com/profile.php?id=100057211369981*
- The Inn At Brough: auch Zimmer zum Übernachten; Main Street, Brough CA17 4AX, Tel. +44 1768 341252, *theinnatbrough.co.uk*

Übernachten:

- Die sieben Kilometer südlich gelegene Stadt Kirkby Stephen ist hübscher und bietet mehr Infrastruktur als Brough.
- Appleby Castle: 15 Kilometer nordwestlich, hier kann man in einer Burg übernachten; Appleby-in-Westmorland CA16 6XH, Tel. +44 17683 30318, *applebycastle.org*

14. Das obere Teesdale: Wasserfälle, Torfmoor und seltene Pflanzen

Ein Spaziergang am River Tees führt zum mächtigsten Wasserfall Englands und zu geologischen und botanischen Besonderheiten.

Das 8800 Hektar umfassende Naturschutzgebiet Moor House im Upper Teesdale birgt verschiedene Biotope. Startpunkt für den 6,5 Kilometer langen Spaziergang ohne viele Steigungen ist das in einer ehemaligen Kapelle untergebrachte Besucherzentrum Bowlees. Von hier überquert man die Straße und nimmt den Pfad hinunter zum Tees. Über eine Brücke aus dem Jahr 1830 geht es zum südlichen Ufer, dann rechts am Fluss entlang.

Der Wasserfall Low Force

Zwischen felsigen, bewaldeten Ufern rauscht der Tees durch eine Schlucht, die er in den Kalkstein gegraben hat. Im Frühling sieht man am Wasserrand und auf den Wiesen seltene Pflanzen wie die Trollblume und das Männliche Knabenkraut. Das obere Teesdale beherbergt eine subarktisch-alpine Flora, die sich seit der letzten

Eiszeit hier gehalten hat. Nirgendwo sonst in Großbritannien wachsen der kleinblütige Frühlings-Enzian, die Mehlprimel und drei besondere Frauenmantelarten.

Bald ist der Wasserfall Low Force erreicht, aber es lohnt sich unbedingt, gut 30 Minuten weiter zum High Force zu wandern. Hier ergießt sich der Fluss über hartes Magmagestein, genannt Dolerit, das sich vor 295 Millionen Jahren zwischen Schichten des weicheren Kalksteins geschoben hat. Das schäumende braune Wasser fällt 22 Meter in die Tiefe. Somit ist der High Force nicht der höchste, doch durch die große Fließmenge der wohl eindrucksvollste Wasserfall Englands. Die oberen Gesteinslagen bestehen aus dem erosionsresistenten Dolerit, darunter liegen die Kalksteinschichten. Ganz in der Nähe befinden sich im größten Wacholderwald des Landes Sträucher, die bis zu 250 Jahre alt sind.

Der Wasserfall High Force

Die dunkelbraune Farbe des Tees verrät seinen Ursprung im Torfmoor. Das Torfmoor ist ein ökologisch besonders wertvolles Biotop, das als CO2-Speicher dient. Im feuchten Boden werden die Moose nicht zersetzt, sondern über Jahrtausende zu Torf verdichtet. Trotz Zerstörung durch Entwässerung für Forst- und Landwirtschaft oder den Abbau von Torf für den Gartenbau und als Brennstoff machen Hochland- und Tieflandtorfmoor rund zwölf Prozent der Landfläche Großbritanniens aus. Die Zerstörung setzt CO2 frei, gebunden wird das Treibhausgas jedoch durch die Pflege dieser Landschaften. Diese wirken auf den ersten Blick unspektakulär, zeigen aber eine dezente, überraschend breite Farbpalette von grün bis kupferfarben und braun, hier und da sogar rosa und orange.

Sportliche Wanderer ziehen vom High Force weiter auf dem Fernweg Pennine Way zum Cow Green Reservoir, insgesamt 24 Kilometer ab Bowlees hin und zurück. Als Alternative kehrt man auf demselben Weg zum Besucherzentrum zurück, fährt elf Kilometer nordwestlich auf der B6277 und nimmt den ausgeschilderten Abzweig nach links über eine Privatstraße zum Parkplatz am Cow

Aus dem höher gelegenen Torfmoor fließt das braune Wasser in die Schlucht.

Torfmoor umgibt den Stausee Cow Green Reservoir.

Green Reservoir. Hier führt ein gut befestigter Wanderweg zum Staudamm und einem weiteren Wasserfall mit den Namen Cauldron Snout (fünf Kilometer hin und zurück). Die Landschaft um den See besteht aus Kalkwiesen, Torfmoor und in höheren Lagen Heide. Hier sind der Moorschneehuhn, Birkhuhn, Regenpfeifer, Kiebitz und Brachvogel zu Hause.

INFO

Lage: Bowlees DL12 0XE

Websites: *thisisdurham.com/things-to-do/durham-attractions/waterfalls-and-reservoirs*

Information:

- Bowlees Visitor Centre: Ausstellungen und Café in einer ehemaligen Kapelle; Tel. +44 1833 622145, *www.northpennines.org.uk/bowlees-visitor-centre*

Übernachten:

- High Force Hotel: elf Gästezimmer und ein Restaurant in unmittelbarer Nähe des gleichnamigen Wasserfalls; Tel. +44 1833 622336, *raby.co.uk/high-force/hotel*
- Middleton-in-Teesdale: die hübsche Kleinstadt fünf Kilometer südöstlich von Bowlees verfügt über eine gute touristische Infrastruktur, zum Beispiel: The Teesdale Hotel: Marketplace, Middleton-in-Teesdale DL12 0QG, Tel. +44 1833 640264, *teesdalehotel.co.uk*

15. KILLHOPE: EIN BLEIBERGWERK IN EINSAMER LANDSCHAFT

Das North of England Lead Mining Museum liegt in einem dünn besiedelten und entlegenen Landesteil, dem Gebiet der North Pennines. Die Reise dorthin ist aber alles andere als langwierig, denn sie führt durch herrliche, wilde Landschaft. Museumsbesucher können an einer Führung unter Tage teilnehmen. Oberirdisch sind ein riesiges Wasserrad und weitere Reste der Bleigewinnung aus dem 19. Jahrhundert zu sehen.

Lore

Der Name Killhope mag niederschmetternd klingen, wird aber „Killöp" ausgesprochen, wobei „hope" „Seitental" bedeutet und „kill" von einem Personennamen abstammen könnte. Die Anlage liegt am Bach Killhope Burn, der sich 5,5 Kilometer talwärts mit einem weiteren Bach vereint und den Fluss Wear bildet. Die Anfahrt auf der A689 durch das Tal Upper Weardale über Stanhope und St John's Chapel mit einem weiten Blick auf steinerne Bauernhöfe und meist baumlose Berghänge gehört zum Erlebnis. Ebenso schön ist die Reise von Norden her auf der B6295 durch das Tal des Flusses East Allen und über Allendale Town, wo Geschäfte und alte Herbergen den Marktplatz säumen. Die allerbeste Route aber ist die Anreise vom Westen: Eine der spektakulärsten Autostrecken Englands führt von Penrith an der M6 zum Hartside Pass mit einem Aussichtspunkt auf 575 Metern und nach Alston, der höchstgelegenen Marktstadt Englands, dann weiter über die Wasserscheide zum Upper Weardale.

In Killhope begann 1853 der Bau des ersten Tunnels in den Berghang hinein. Nach einem Jahr war er 500 Meter lang, aber es wurde nur wenig Erz gefunden. Erst Mitte der 1870er-Jahre stieß man auf ein reiches Vorkommen. Das Bleibergwerk, Park Level Mine

Eingang zum Bergwerkstollen

genannt, gehörte eine Zeit lang zu den produktivsten des Landes, blieb aber nicht lang rentabel. 1910 erfolgte die Schließung. Wer die Führung unter Tage bucht, sieht ein 5,5 Meter hohes unterirdisches Wasserrad, das Pumpen für die Entwässerung der tieferen Ebenen antrieb. In dieser baumlosen Landschaft war Holz Mangelware. Stattdessen sicherten die Tunnelbauer ihre Grube mit Steinbögen in exzellenter Steinmetzarbeit, wie man sie heute noch sieht.

Das zehn Meter hohe Wasserrad in Killhope

Oberirdisch blieben eindrucksvolle Reste der Bleigewinnung, vor allem das zehn Meter hohe Wasserrad, das die Kraft zum Hämmern der Erzbrocken lieferte. Das Haus mit dem Namen Mine Shop bot Unterkünfte für die Bergleute, außerdem Räume für das Büro und die Schmiede. Hier und im Museum wird das harte Leben der Beschäftigten gezeigt. Jugendliche arbeiteten am Washing Floor, um durch Zerkleinern, Sieben und Waschen das Bleierz vom unbrauchbaren Material zu trennen. Ein Spaziergang am Hang oberhalb dieser Anlagen führt zu den Teichen, Gräben und Schleusen, die zwecks Wasserzufuhr angelegt wurden. Spuren des Bergbaus in Form von Senken und mit Gras überwachsenen Erhebungen sieht man überall in der umliegenden Hügellandschaft.

In den Bauten des Bleibergwerks befinden sich heute Museumsausstellungen.

Die Wasserzufuhr für das große Rad sicherte man durch die Anlage von Gräben am Hang.

INFO

Lage: The North of England Lead Mining Museum, Killhope DL13 1AR; 4,5 Kilometer von Cowshill im Upper Weardale

Websites:

- *killhope.org.uk*
- *www.northpennines.org.uk*

Hinweis: Für die Führung unter Tage sind Gummistiefel unerlässlich!

Einkehren:

- Museumscafé: *killhope.org.uk/things-to-do/cafe-and-shop*

Übernachten:

- Die nächsten Orte mit touristischer Infrastruktur sind die attraktiven Kleinstädte Alston (westlich, *visitlakedistrict.com/accommodation*), Allenheads (östlich, *thisisdurham.com/accommodation*) und Allendale Town (nördlich, *visitnorthumberland.com/explore/things-to-do/stay)*.

Northumberland

Die Bucht von Howick und das Badehaus des adligen Earl Grey

Northumberland

16. Newcastle-upon-Tyne: ein Fluss- und Brückenspaziergang
17. Northumberlandia: eine Frau als Landschaftsform
18. Druridge Bay: ein Traumstrand
19. Howick: eine verwunschene Bucht, ein Baumgarten und Earl Grey-Tee
20. Chillingham Castle: das schräge Geisterschloss eines Exzentrikers
21. Lindisfarne: die heilige Insel
22. Berwick-upon-Tweed: englisch oder schottisch?
23. Lordenshaw: Wallburg mit Felszeichnungen
24. Kielder Forest and Water Park: Sport, Kunst, Sternenhimmel
25. Birdoswald: am Rande des römischen Imperiums

Longniddry
Dunbar
Haddington
Tranent
Eyemouth
A1
22
Berwick-upon-Tweed
Duns
Lauder
A697
A7
21
Nordsee
Coldstream
Galashiels
Melrose
Kelso
Selkirk
20
Beadnell
Wooler
19
A1
Jedburgh
Hawick
A697
Longhought
A68
Northumberland Nationalpark
A7
Amble
Rothbury
18
24
Otterburn
Morpeth
Kielder Forest Park
A1
17
A68
A696
West Jesmond
25
16
Haltwhistle
A69
Gateshead
Newcastle upon Tyne
Brampton
Hexham
Allendale
Carlisle
A689
Sunderland
M6
A686
A68
Alston
Castleside
Esh Winning

16. Newcastle-upon-Tyne: ein Fluss- und Brückenspaziergang

Die Lage der größten Metropole in Nordostengland verleiht dieser charaktervollen Stadt eine gewisse Dramatik. Wer vom Süden her mit Bahn oder Auto ins Zentrum von Newcastle fährt, überquert die 35 Meter tiefe Schlucht des River Tyne. Vier der zehn Brücken, die den Fluss überspannen, sind wegweisende Konstruktionen.

Die zwei Kilometer lange Stadtwanderung beginnt am Hauptbahnhof (als Alternative: an der Burg) und führt nach Osten am Ufer des Tyne. Schon lange vor der Industrialisierung war die Region für den Kohlebergbau bekannt: „Eulen nach Athen tragen" heißt in England „carrying coals to Newcastle". Daraus entwickelte sich der Hafen am Tyne. Der Einsatz von Kohle in Dampfmaschinen führte hier zur Pionierarbeit von George Stephenson und seinem Sohn Robert, die in den 1820er-Jahren Lokomotiven für die ersten Eisenbahnen der Welt bauten.

Die Fabrik der Stephensons lag in der South Street, südlich des heutigen Central Station. Der 1850 eröffnete Bahnhof ist ein imposantes Denkmal des Eisenbahnzeitalters – die Centurion Bar im ehemaligen Wartesaal vermittelt einen Eindruck dieser alten Pracht. Wir verlassen den Bahnhof auf der Nordseite, biegen nach rechts in die Neville Street, sehen links eine Statue von George Stephenson, halten uns rechts in die Westgate Road und erreichen die St Nicholas Street. Hier zeigt sich noch das Mittelalter: Links steht die Kathedrale St Nicholas

Die doppelstöckige High Level Bridge

(14./15. Jahrhundert mit Laternenturm), wir passieren aber die Bahnunterführung rechts und stehen vor dem Bergfried der 1080 erbauten Burg.

Brückenblick: vom High Level Bridge auf die Swing Bridge und Tyne Bridge

Die St Nicholas Street führt direkt zum Fußweg über die High Level Bridge aus dem Jahr 1849. Robert Stephenson entwarf die 50 Meter hohe Struktur für den Schienen- und Straßenverkehr als erste doppelstöckige Brücke der Welt. Wir genießen den grandiosen Ausblick von der Brücke und gehen zur Burg zurück, nach rechts in die Straße Castle Garth, dann die Treppe Castle Stairs zur Swing Bridge hinunter. Die hydraulisch betriebene Drehbrücke des Erfinders und Großindustriellen William Armstrong (1876) steht wahrscheinlich an der Stelle der römischen Pons Aelius-Brücke. Links führen Stufen zum Flussufer und weiter zur 1928 vollendeten Tyne Bridge. Mit einer Spannweite von 162 Metern hatte sie den damals weltweit größten Brückenbogen.

William Armstrongs Swing Bridge, im Hintergrund die Burg und Kathedrale

Wir befinden uns nun auf dem Quayside. Hier herrschte jahrhundertelang Hafenbetrieb. Einst gehörten die Schiffswerften am Tyne

Die Tyne Bridge wurde 1928 vollendet.

zu den bedeutendsten der Welt. Heute erlebt man das erneute Erblühen einer stolzen, in den 1980er-Jahren vom Niedergang der Industrie stark betroffenen Metropole. Ein Wahrzeichen davon am Ufer gegenüber ist The Sage Gateshead. Der Architekt der

Die Millennium Bridge dreht sich, um Schiffe durchzulassen.

Reichstagskuppel in Berlin, Lord Norman Foster, entwarf das 2004 eröffnete Kulturzentrum mit zwei Konzertsälen, das einer Raupe oder einem Gürteltier ähnelt. Weiter östlich stehen zwei weitere Wahrzeichen der Erneuerung. Die in der Horizontale gebogene Millennium Bridge (2001) für Fußgänger und Radfahrer dreht sich nach oben um die eigene Achse, um Schiffe durchzulassen und führt zum Baltic Centre, einer „Kunstfabrik" am Südufer in einem ehemaligen Getreidesilo.

INFO

Lage: Newcastle upon Tyne NE1 1RQ

Infomation:

- Newcastle-Gateshead Tourist Information Centre, 8-9 Central Arcade, Newcastle NE1 5BQ, Tel. +44 191 2778000, *newcastlegateshead.com*

Aktivitäten:

- Newcastle Castle: toller Ausblick vom Dach der Burg, Castle Garth, Newcastle upon Tyne NE1 1RQ. *newcastlecastle.co.uk*
- Newcastle Discovery: Das Museum liegt nicht auf der oben beschriebenen Route, bietet aber eine ausgezeichnete Darstellung der Stadt und der vielen Erfindungen und Industriezweige, die Newcastle prägten; Blandford Square, Newcastle Upon Tyne NE1 4JA, *discoverymuseum.org.uk*

Einkehren:

- Crown Posada: denkmalgeschützter viktorianischer Pub; 31 Side, Newcastle upon Tyne NE1 3JE, Tel. +44 191 2321269, *sjf.co.uk*
- The Broad Chare: große Auswahl an Biersorten, Restaurant im ersten Stock; 25 Broad Chare, Newcastle upon Tyne NE1 3DQ, Tel. +44 191 211 2144, *thebroadchare.co.uk*
- The Bridge Tavern: Craftbeer und gute Küche unter der Tyne Bridge; 7 Akenside Hill, Newcastle upon Tyne NE1 3UF, Tel. +44 191 261 9966, *thebridgetavern.com*

17. NORTHUMBERLANDIA: EINE FRAU ALS LANDSCHAFTSFORM

Eine 400 Meter lange, 30 Meter hohe begehbare Skulptur in der Form einer liegenden Frau ist eine neue Attraktion im Süden der Grafschaft Northumberland.

Den Körper der Northumberlandia formten 1,5 Millionen Tonnen Stein, Ton und Erde aus dem angrenzenden Kohletagebau. Von aufgeschütteten Hügeln, die den Kopf, die Brüste, die Hüfte der Frauenfigur bilden, schaut man in den Tagebau hinein. In England wird nur noch wenig Steinkohle gewonnen, da die meisten Zechen in den 1980er- und 1990er-Jahren ihre Tore schließen mussten. Um für die Zukunft dieser Industrie in Zeiten globaler Erwärmung zu werben, wollte die Bergbaufirma Banks Group durch das 2010

Der Kopf der Northumberlandia

Die Tafel zeigt einen Überblick der Frauenfigur.

begonnene Projekt etwas sichtbar Gutes tun. Die Kosten in Höhe von drei Millionen Pfund übernahmen die Banks Group und der Grundbesitzer Blagdon Estate. Dafür engagierten sie den renommierten Landschaftskünstler Charles Jencks.

Das Erlebnis für Besucher ist ein abwechslungsreicher Parkspaziergang mit Aussichtspunkten. Vom Parkplatz geht es durch ein Waldstück mit einem Lehrpfad für Kinder zu zwei runden Hügeln, die man für einen ersten Überblick auf Spiralrampen erklimmen kann. Neben der lang gestreckten Frauenfigur – man nennt sie auch „Lady of the North" in Anspielung auf den „Angel of the North", eine Riesenskulptur an der Hauptroute A1 bei Newcastle – liegen kleine Seen und Sumpfgebiete. Befestigte Wege schlängeln sich zum Kopf der Lady hinauf, zwischen ihren Brüsten, über ihre Hüfte und weiter zu ihren Füßen. Die Hänge werden gemäht, jedoch nicht so akribisch gepflegt wie ein Golfplatzrasen, sodass das Werk sich im Wechsel der Jahreszeiten verändert.

Markierte Aussichtspunkte am Damenkörper zeigen die Blickrichtung zu bekannten Wahrzeichen der Region wie dem Angel of the North oder die Cheviot Hills an der schottischen Grenze und kleine Kunstobjekte verweisen auf die Ideen des Schöpfers der Northumberlandia. Der US-amerikanische Architekt Charles Jencks (1939–2019) wurde mit seinem „Garden of Cosmic Speculation" bei Dumfries in Südschottland bekannt. In diesem Garten, der an Werke der Land Art erinnert, beschäftigte er sich mit der Entstehung des Kosmos und den „Beziehungen zwischen Groß und Klein, Wissenschaft und Spiritualität, dem Universum und der Landschaft". Auf solche Themen bezog er sich auch bei der Gestaltung der Northumberlandia: Der Mensch ist im Kosmos verwurzelt, so sein Credo.

Der Blick vom Kopf nach Süden

Die runden Formen des Frauenkörpers spiegeln sich im See.

INFO

Lage: Cramlington NE23 8AU; Northumberlandia ist ausgeschildert.

Website: *northumberlandia.com*

Einkehren:

- Café im Besucherzentrum

18. DRURIDGE BAY: EIN TRAUMSTRAND

In einer sanften Kurve zwischen den Orten Cresswell und Amble erstreckt sich eine Bucht mit Dünen und Naturschutzgebieten und bietet die Gelegenheit, am elf Kilometer langen Sandstrand in Einsamkeit zu spazieren.

Der Turm in Cresswell diente zum Schutz gegen schottische Angriffe.

Bevor man im Dorf Cresswell am südlichen Ende der Bucht zum Strand hinunter geht, lohnt sich ein Blick auf den Pele Tower – so heißen nämlich die Wehrtürme, die in den zwei Jahrhunderten ab 1350 die Bevölkerung gegen Angreifer aus Schottland, vor allem Viehdiebe, verteidigten. Der Turm in Cresswell wurde 2021 restauriert und neu überdacht. Am Strandabschnitt Cresswell Foreshore liegt bei Ebbe eine größere Fläche mit Steinen und Tümpeln. Mit Vorsicht und passenden Schuhen kann man hier eine reichhaltige Meeresfauna und -flora erkunden: winzige Porzellankrebse, Napfschnecken, kleine Fische wie der Schan und Vögel wie der Steinwälzer, der auf der Nahrungssuche Muscheln und Steine umdreht. Auch Goldregenpfeifer und Meerstrandläufer gehören zu den Vogelarten, die am Meeressaum und im Hinterland zu finden sind.

Über elf Kilometer erstreckt sich die Bucht in einer sanften Kurve.

Nördlich vom Cresswell Foreshore besteht der Strand aus feinkörnigem, gelb-weißem Sand. Bis auf einige Reste von Betonstrukturen – es sind Verteidigungsanlagen aus dem Zweiten Weltkrieg – ist Druridge Bay komplett unbebaut. Ein Kilometer nördlich des Dorfes befindet sich der Teich Cresswell Pond, wo Wattvögel im leicht salzhaltigen, von Schilf umstandenen Wasser Nahrung suchen.

Seidenreiher an den Druridge Pools

Drei Kilometern nördlich von Cresswell knickt die Küstenstraße nach links. Wer hier stattdessen auf der Piste geradeaus fährt, kann am Wegesrand parken und durch die Dünen zu einem ruhigen Strandabschnitt gehen. Westlich der Piste befinden sich die Druridge Pools, ein renaturiertes Naturschutzgebiet am Gelände eines ehemaligen Tagebaus. Neben verschiedenen Vogelarten sind hier schon mal Otter zu sehen.

Druridge Bay lädt zu einem ausgedehnten Strandspaziergang ein.

Wassersportler besuchen den Druridge Bay Country Park am nördlichen Ende der Bucht. Hier kann man am Ladyburn Lake segeln und surfen, im Kajak oder auf dem SUP-Board paddeln, und es gibt ein Besucherzentrum mit Café.

Napfschnecken und allerlei Meeresfauna sind in den Tümpeln bei Cresswell zu entdecken.

INFO

Lage: Dorf Cresswell NE 61 5LA, Druridge Pools NE61 5EG, Druridge Bay Country Park NE61 5BX

Website: *nwt.org.uk/nature-reserves*, s. dort Cresswell Foreshore, Cresswell Pool, Druridge Pool

Aktivitäten:

- Pele Tower: *cresswellpeletower.org.uk*
- Im Dorf Preston befindet sich ein weiterer, gut erhaltener Pele Tower. Der vierstöckige Turm stammt aus dem Jahr 1392; Preston NE 67 5DH, nahe dem Bahnhof Chathill, *prestontower.co.uk*

Einkehren:

- The Drift Cafe: Mittagessen, Kuchen, Außenterrasse, Gerichte zum Mitnehmen; Cresswell NE61 5LA, thedriftcafe.co.uk

Übernachten: Wohnwagenparks prägen die Gegend um Cresswell, attraktiver als Standort ist Amble am nördlichen Ende der Bucht: *visitnorthumberland.com/explore/things-to-do/stay/amble*

19. Howick: eine verwunschene Bucht, ein Baumgarten und Earl Grey-Tee

Der winzige Ort Howick verdient kaum die Bezeichnung „Dorf“, glänzt aber zweifach: mit einer wunderschönen Felsenbucht und Sandstrand sowie mit den Gärten um den Herrensitz der Familie Grey.

Tosende Nordseewellen an den vorgelagerten Felsen

Der seltsame Name der Bucht, Rumbling Kern, rührt von einem Felsbecken, wo unter bestimmten Bedingungen der Tiden eine Fontäne durch ein Loch im Gestein hochschießt und Wellen durch einen Tunnel in der Felswand dringen. Dabei können sie ein grummelndes („rumbling“) Geräusch erzeugen. Dieses schattige Becken mit tiefem Wasser am südlichen Ende der Bucht wird nur bei Hochwasser von Wellen aufgewühlt. Den angrenzenden Strand mit feinem, hellem Sand trennt ein Fels vom offenen Meer und schützt Sonnenbadende vor dem Wind. Agile Menschen können sich auf diese steinerne Barriere hinaufziehen, um das Toben der Wellen an der vorderen Felskante von Nahem zu bestaunen oder Fische und Muscheln in den Tümpeln zu suchen. Manche baden hier, doch ist eine gute Schutzausrüstung ratsam.

Hinter dem Strand verläuft der Küstenfernweg (England Coast Path) zu weiteren schönen Buchten und Stränden in beiden Richtungen – und nach nur 200 Metern nördlich zum Bathing House, das der 2. Graf (Earl) Grey im 19. Jahrhundert als Ausflugsziel für seine 15 Kinder errichten ließ. Es war ein kurzer Ausflug, denn die Entfernung zum Gut Howick, seit 1319 im Besitz der Familie Grey, beträgt nur einen Kilometer. 1963 starb die direkte männliche Linie der Greys aus. Heute gehört der Familiensitz Howick Hall mit seinen Blumengärten, einem 25 Hektar großen Baumgarten (Arboretum) und weiteren Wäldern Lord Howick, einem Enkel des 5. Grafen. Lord und Lady Howick sind leidenschaftliche Baumsammler, die seit 1985 aus vielen Teilen der Welt Samen an die Nordsee geholt und dort eingepflanzt haben. Die Exoten gedeihen prächtig in Wäldern, die in sechs geografische Gebiete aufgeteilt sind. Besucher erhalten einen Plan mit eingezeichneten Wegen, um einen kurzen Spaziergang zu unternehmen oder die „Long Route" (fünf Kilometer durch ein Bachtal bis zum Meer) zurückzulegen.

Die klassizistische Gartenfassade der Howick Hall

Um Howick Hall herum wurden verschiedene Gärten angelegt, beispielsweise ein Bog Garden (Sumpfgarten), ein Hydrangea Garden (Hortensiengarten) und ein charmanter, für autistische Kinder konzipierter Sensory Garden. Südlich des Herrensitzes, der 1928 von einem Brand weitgehend zerstört und im klassizistischen Stil wieder aufgebaut wurde, steht die Gutskirche St Michael and All Angels. Die Fratzengesichter an der Nordseite schuf im 19. Jahrhundert höchstpersönlich Maria, die 3. Gräfin Grey. Die Kirche ist letzte Ruhestätte eines berühmten Sohns der Grey-Dynastie: der 2. Graf, nach dem die Teesorte Earl Grey benannt wurde. Der mit Bergamot-Öl versetzte schwarze Tee wurde der Familientradition zufolge besonders für den Grafen kreiert. Als Premierminister setzte er 1832 die erste Parlamentsreform und im folgenden Jahr die Abschaffung der Sklaverei im britischen Weltreich durch.

Das Badehaus der Grey-Familie ließ der 2. Graf errichten.

Im Café wird die Teesorte Earl Grey am Familiensitz des Erfinders kredenzt.

INFO

Lage: Howick Hall NE 66 3LB; zur Bucht führt die Landstraße 800 Meter weiter. Dort, wo sie nach links knickt, befinden sich Parkplätze und ein Holztor, dahinter der kurze Weg zur Bucht.

Aktivitäten:

- Howick Hall: Howick NE66 3LB, *howickhallgardens.com*

Hinweis: Am Rumbling Kern ist beim Klettern über die mit Algen bewachsenen, rutschigen Felsen große Vorsicht geboten!

Einkehren:

- Tea Rooms: Imbiss, Mittagessen und Nachmittagstee im ehemaligen Ballsaal von Howick Hall. Auf Wunsch mit der Teesorte Earl Grey; *theearlgreyteahouse.com*

Übernachten:

- Bathing House: Das Badehaus des Grafen ist heute eine Ferienwohnung für sechs Personen; *originalcottages.co.uk/cottage/nb209-the-bathing-house*
- weitere B&Bs, Ferienwohnungen und Hotels: *visitnorthumberland.com/explore/things-to-do/stay*

20. CHILLINGHAM CASTLE: DAS SCHRÄGE GEISTERSCHLOSS EINES EXZENTRIKERS

Die Burg aus dem 12. Jahrhundert erscheint mit Türmchen und Zinnen als eine zum romantischen Schloss umgebaute Festung. Die Gärten sind prächtig, die Räume mit einem erstaunlichen Sammelsurium möbliert. Außerdem gibt es eine einzigartige Herde weißer Rinder. Während die von den Denkmalschutzorganisationen National Trust und English Heritage gepflegten englischen Schlösser ein durch Kunsthistoriker gründlich aufbereitetes Erlebnis bieten, befindet sich Chillingham Castle im Privatbesitz und zeigt die sehr persönliche Sammlung des stolzen Burgherrn.

Der Haupteingang zum Schloss

Auf dem Weg zu seinen schottischen Kriegen soll König Edward I. 1298 in Chillingham verweilt haben. 1344 erlaubte Edward III. den Ausbau der Befestigungen, die 1513 bei schottischen Angriffen schwere Schäden erlitten. Ab 1603 wurde es ruhiger: Der Schotte James I. bestieg den englischen Thron und übernachtete auf seiner Reise nach Süden in Chillingham. Aus der Burg wurde ein Wohnhaus der Familie Grey, das nach dem Zweiten Weltkrieg verfiel. 1982 kaufte der Aristokrat Sir Humphry Wakefield (geb. 1936) das Schloss. Als viel gereister Antiquitätenhändler besitzt er eine umfangreiche Sammlung und ist mit Katherine Grey aus der einstigen Besitzerfamilie verheiratet. Nach und nach machte er Chillingham Castle wieder bewohnbar und stellt seitdem seine Antiquitäten dort aus.

Der Schlossgarten glänzt mit akkurater Heckenschnittkunst.

Überall erscheint das Wappentier der Wakefield-Familie, die Fledermaus. Besucher betreten die Burg durch die Waffenkammer (Armoury), wo historische Gewehre, Jagdtrophäen und Rüstungen zu sehen sind. Das Begleitheft zum Rundgang gibt (auf Englisch) einen launigen Kommentar zu den Gegenständen. An den Wänden hängen Ahnenporträts der Wakefields. Man sieht neben Möbeln, Lampen, Porzellan und allerlei Nippes auch einen Hundeschlitten von einer Antarktisexpedition, Einladungen von Mitgliedern der königlichen Familie und einen Sattel, den der Burgherr bei einem Rodeo in Colorado gewann. Zum Gruseln gibt es eine Folterkammer.

Das Wappentier der Familie Wakefield ist die Fledermaus.

Drinnen wie draußen präsentiert der Schlossherr seine Fundstücke und Trophäen.

Wasserspiel im Schlossgarten

Gespenster dürfen nicht fehlen. Sir Humphry Wakefield meint, es seien glückliche, der Familie wohlgesonnene Geister, ihre Geschichten sind aber eher traurig. Eine unerwartete Kälte und das Rascheln eines Seidenkleids kündigt Lady Mary an. Sie starb 1719 an einem gebrochenen Herzen, nachdem Lord Grey mit ihrer Schwester durchbrannte. Im Pink Room erschien immer wieder ein Junge mit einer blauen Aura, bis das Mauerwerk aufgebrochen und menschliche Knochen gefunden und entfernt wurden. An anderer Stelle bettelt eine blasse Dame um Wasser. In der Kapelle sind Männerstimmen zu hören, bei Mondschein huschen Schatten durch den Innenhof. Wer nach alledem frische Luft braucht, spaziert durch den Wald zum See oder im Garten mit Blumenrabatten und akkurater Heckenschnittkunst.

Aus der Ferne oder bei gelegentlichen Führungen sind die weißen Rinder zu sehen. Der Burgherr hält sie für die einzigen wilden Ur-Rinder der Welt. Es heißt, die Römer opferten sie ihren Göttern, weil die weiße Farbe für Reinheit steht. Fest steht, dass die seit 700 Jahren isoliert lebenden 100 Chillingham-Rinder genetisch homogen und deutlich anders als gewöhnliche Hausrindrassen sind.

Die weißen Rinder der Chillingham-Rasse sind eine zoologische Seltenheit.

INFO

Lage: Chillingham Castle NE66 5NJ

Aktivitäten:

- Ein Spaziergang im Park („Woodland Walks") mit Seen und Bächen

Website: *chillingham-castle.com*

Einkehren: Kleine Gerichte und Nachmittagstee gibt es im sogenannten Minstrels' Hall, dem stimmungsvollen „Musikersaal" mit einem riesigen Kamin und vom Hausherrn persönlich erlegten Jagdtrophäen.

Übernachten: Im Schloss selbst und im Marstall (Coaching Rooms) befinden sich mit Antiquitäten möblierte Ferienwohnungen für Selbstversorger, Tel. +44 1668 215359; *chillingham-castle.com/stay-with-us*

21. LINDISFARNE: DIE HEILIGE INSEL

Lindisfarne, auch Holy Island genannt, ist ein besonders stimmungsvoller Ort – aufgrund seiner Geschichte und seiner Natur, aber auch weil die Straße zum Festland zweimal täglich von der Flut überschwemmt wird. Den vielen Besuchern, die sich im Inseldorf tummeln, entkommt man bei einer leichten Wanderung zur Inselnordseite.

Wer vor der Rückfahrt auf die Gezeitentabelle nicht achtet, kann in Schwierigkeiten geraten.

Seit über 1000 Jahren zieht Lindisfarne Pilger an. Im Jahr 635 holte Oswald, König von Northumbria, den Mönch Aidan von der schottischen Insel Iona hierher. Von Nordostengland breitete sich das Christentum keltischer Prägung aus, reisten Missionare zum europäischen Festland, um heidnische Germanen zu bekehren. Von dieser Blütezeit zeugt das wunderschöne, um 700 entstandene illustrierte Evangeliar „The Lindisfarne Gospels" (das Original bewahrt das British Museum in London, Faksimileseiten sind auf Lindisfarne im Heritage Centre zu sehen).

Erst 1954 wurde die Straße zur heiligen Insel gebaut. Den alten, mit Stangen im Sand markierten Weg über das Watt nehmen Wanderer heute noch bei Ebbe. An der Nordküste der 400 Hektar großen Insel

Der Obelisk diente Schiffen als Navigationshilfe.

sollen einst die Mönche meditative Stille genossen haben. Wer es ihnen gleichtun will, kann nach der Überfahrt mit dem Auto ca. einen Kilometer nach Erreichen der Insel links auf eine kleine Straße zu den Sandstränden abbiegen.

In der Dorfmitte am Pub The Ship in der Straße Marygate beginnt der Inselrundgang (acht Kilometer, ca. 2,5 Stunden). Zuerst geht es einige Schritte nach Osten, dann links in die Sandham Lane. Der Weg ist zuerst asphaltiert, passiert einen Bauernhof und erreicht nach ca. 1200 Metern die Dünen. Der Hauptweg hält sich hier nach rechts, aber zu zwei schönen Buchten geht es geradeaus in das National Nature Reserve. Die westliche Bucht heißt Coves Haven, östlich davon liegt Sandham Bay. Von April bis September kommen bei Ebbe hunderte Kegelrobben zu den Sandbänken. Ihr heulender Gesang schafft eine wehmütige Stimmung. Im Herbst ziehen die Robben zu den südlich gelegenen Farne Islands, aber dafür kommen Zugvögel, zum Beispiel bis zu 3000 Ringelgänse von Svalbard (Spitzbergen), auch Weißwangen-, Grau- und Kurzschnabelgänse. Seeschwalben und Sandregenpfeifer sind oft zu sehen. In den beiden Buchten kann man sich beim Betrachten kleiner Unterwasserwelten, die in den Felstümpeln bei ablaufender Flut zurückbleiben, lange aufhalten.

Der weitere Weg über die Wiesen begeistert Blumenfreunde. Im Frühling blühen Sumpfdotterblume, Wiesenschaumkraut und Vergissmeinnicht, später zieht der blaue Natternkopf Falter an (aber Vorsicht: die hier an Hosen und Schuhen klebende Klette „piri-piri“ ist keine heimische Art, sondern ein Eindringling aus Ozeanien, den man nicht über die Insel verbreiten soll). Östlich von Sandham

Bay führt der Hauptweg nach Südosten, lohnend ist aber ein Abstecher zum nordöstlichen Punkt der Insel. Der dreieckige Obelisk hier ist eine Navigationshilfe für Schiffe. Dann geht es mit Blick auf die Farne Islands entlang der Ostküste, entweder auf einem kleinen Pfad direkt an der Küste entlang oder über den Hauptweg, auf die Burg Lindisfarne Castle zu. Der Hauptweg führt an einem kleinen, wahrscheinlich von Mönchen als Wasserreservoir und Fischteich ausgehobenen See mit Beobachtungsversteck für Vogelfreunde. Kurz vor der Burg biegt man nach rechts ab und kann auf dem Weg ins Dorf zurück den im frühen 20. Jahrhundert angelegten Burggarten besichtigen.

Vom Garten der Burg Lindisfarne blickt man auf Schafweiden und zum Festland hinüber.

Bucht an der Nordseite der Heiligen Insel

INFO

Lage: Lindisfarne liegt etwa 22 Kilometer südöstlich von Berwick-upon-Tweed, etwa fünf Kilometer vor der Küste.

Hinweis:

- Im Sommer gibt es einen Shuttlebus auf die Insel.
- Zu Fuß: Hohe Stangen markieren die Route. 2,5 Stunden vor und nach der Flut ist der Pilgerweg nicht passierbar. Idealerweise geht man ca. zwei Stunden vor Ebbe los, niemals bei aufziehendem Wasser oder Dunkelheit; Zeiten für eine sichere Überfahrt unter *holyislandcrossingtimes.northumberland.gov.uk*
- Passendes Schuhwerk ist im Watt unerlässlich.

Website: *lindisfarne.org.uk*

Einkehren:

- The Barn at Beal: Wenn bei Flut keine Überfahrt möglich ist, verbringt man hier die Wartezeit. Das Besucherzentrum bietet Informationen über Natur und Umwelt, das Restaurant gute Verpflegung; Beal Farm, Berwick upon Tweed TD15 2PB, *barnatbeal.com*

Übernachten/Einkehren:

- Lindisfarne Hotel: Familienbetrieb mit acht Zimmern; Holy Island, Berwick-upon-Tweed TD15 2SQ, Tel. +44 1289 389273, *thelindisfarnehotel.org.uk*
- The Ship Inn: deftige Küche und Zimmer zum Übernachten; Marygate, Holy Island of Lindisfarne TD15 2SJ, Tel. + 44 1289 389311, *theshipinn-holyisland.co.uk*

22. BERWICK-UPON-TWEED: ENGLISCH ODER SCHOTTISCH?

Zeugnisse der Grenzlage prägen bis heute die Stadt an der Mündung des River Tweed: alte Brücken und hervorragend erhaltene Befestigungen aus dem 16. Jahrhundert, die einen Spaziergang rund um die Stadt mit Meerblick ermöglichen.

Die Royal Border Bridge von 1849

Die Royal Tweed Bridge, 1920er-Jahre

Die Berwick Old Bridge wurde 1634 eingeweiht.

Im Jahr 1174 ging die ursprünglich schottische Siedlung Berwick (sprich: „Berrick") an die englische Krone. In den folgenden drei Jahrhunderten wechselte die Stadt vierzehnmal den Besitzer, kam 1482 dauerhaft unter englische Kontrolle, behielt aber als freies Territorium eine eigene Verwaltung und Gerichtsbarkeit. Erst im 20. Jahrhundert ging dieser Status endgültig verloren. Die Fußballmannschaft Berwick Rangers spielt in der schottischen Liga – was eigentlich logisch ist, denn die Stadt liegt am Nordufer des Tweed, der weiter westlich die Grenze zwischen England und Schottland bildet. Viele der 12.000 Bewohner sehen sich in erster Linie als „Berwickers", nicht als Engländer oder Schotten.

Wer mit der Bahn vom Süden ankommt, fährt über die Royal Border Bridge, eine imposante Ingenieurleistung des Eisenbahnpioniers Robert Stephenson aus dem Jahr 1849. Auf 28 Rundbögen in einer Länge von 650 Metern überqueren die Züge den Tweed in einer Höhe von 38 Metern. Zum Bau des Bahnhofs wurde die mittelalterliche Burg weitgehend abgerissen. Die verbliebenen Ruinen an der Nordseite der Eisenbahnbrücke vermitteln noch einen Eindruck von der Pracht dieser königlichen Festung. Ein Weg am Flussufer führt von hier in Richtung Innenstadt zur Royal Tweed Bridge, einer Straßenbrücke der 1920er-Jahre, deren Betonbogen mit einer Spannweite von 110 Metern damals als gewagt galt. Kurz dahinter steht seit 1634 die Berwick Old Bridge mit 15 steinernen Bögen, die heute der Belastung des motorisierten Verkehrs standhalten. (Tipp für ausgesprochene Brückenfreunde: Die 137 Meter lange, 1821 erbaute Union Bridge, acht Kilometer flussaufwärts im Ort Loan End, gilt als älteste für den Straßenverkehr noch geöffnete Kettenhängebrücke der Welt).

Zwischen der Royal Tweed Bridge und der Old Bridge führt die Straße Bank Hill zu Meg's Mount hinauf. Diese Bastion gehört zum Mauerring, der ab 1558 zur Verteidigung gegen die Schotten errichtet wurde. Die Befestigungen entsprachen italienischen Vorbildern und waren damals Stand der Technik: Pfeilförmige

Die Befestigungen des 16. Jahrhunderts bilden heute eine Grünanlage rund um die Stadt.

Die Pfarrkirche Holy Trinity

Bastionen springen aus der Linie eines Festungswalls, damit man seitlich auf Angreifer feuern kann. Berwicks Verteidigungsanlagen sind die einzigen dieser Art in England und gehörten zu den bedeutendsten Europas. Auf den sechs Meter hohen Mauern lagern fünf Meter hohe Erdwälle. Kurz nach der Vollendung kehrte der Friede zwischen Schottland und England ein, und die Mauern wurden nicht auf die Probe gestellt. 1837 entstand ein zwei Kilometer langer Promenadenweg darauf, der bis heute Blicke auf die historische Innenstadt, auf die Kolonie von 200 Höckerschwänen in der Tweed-Mündung und auf die Nordsee bietet.

Wer von Meg's Mount im Uhrzeigersinn geht, sieht die Pfarrkirche Holy Trinity, die 1648 bis 1652 unter Verwendung von Steinen aus der mittelalterlichen Burg errichtet wurde, und erreicht an der Ostseite der Altstadt die Berwick Barracks. Die Kaserne wurde 1721 um einen großen Hof gebaut und bot Platz für 600 Soldaten. Heute beherbergt sie ein Museum über Armeegeschichte und das Berwick Museum and Art Gallery, wo eine kleine, feine Sammlung mit Gemälden, u. a. von Degas, japanischem Porzellan und venezianischem Glas zu sehen ist. Der Rundgang auf der Mauer führt weiter zur Bastion King's Mount, wo die Küste erreicht ist. Der Rest des Verteidigungsrings um die südliche Spitze und am Fluss entlang besteht aus einer Verstärkung der mittelalterlichen Mauern und Türme.

Auch ein Bummel durch die Stadtmitte ist lohnend. Auf der Straße Marygate steht das Rathaus, 1754 bis 1760 im klassizistischen Stil mit einem hohen Spitzturm errichtet. Es gibt nette kleine Läden in der Bridge Street, einen Sandstrand im Ortsteil Spittal südlich der Tweed-Mündung und eine lange Kaimauer, die in die Nordsee hinaus zu einem Leuchtturm führt. Der schönste Strand der Gegend, der Cocklawburn Beach, liegt fünf Kilometer südlich.

Die historische Armeekaserne

INFO

Lage: Berwick liegt nahe der Hauptroute A1 nach Schottland und an der Nord-Süd-Strecke der Bahn von London nach Edinburgh.

Information:

- Tourist Information Centre: Walkergate, Berwick-Upon-Tweed TD15 1DB, *visitberwick.com*

Aktivitäten:

- Berwick Barracks: Parade, Berwick-upon-Tweed TD15 1DF, *www.english-heritage.org.uk/visit/places/berwick-upon-tweed-barracks-and-main-guard*
- Berwick Museum & Art Gallery: Parade, Berwick-Upon-Tweed TD15 1DG, *museumsnorthumberland.org.uk/berwick-museum-art-gallery*

Einkehren:

- Foxton's Wine Bar: Meeresfrüchte und Fisch, Käse aus Northumberland, gute Weine; 26-28 Hide Hill, Berwick-Upon-Tweed TD15 1AB, Tel. + 441289 303 939, *foxtonswinebar.com*

Übernachten:

- The Walls: ein B&B der gehobenen Klasse mit Blick auf den River Tweed; 8 Quay Walls, Berwick-upon-Tweed TD15 1HB, Tel. +44 1289 330233, *thewallsberwick.com*

23. LORDENSHAW: WALLBURG MIT FELSZEICHNUNGEN

An vielen Stellen in Nordengland finden sich rätselhafte Markierungen, die während der Neusteinzeit oder Bronzezeit in Steine eingeritzt wurden. In erhöhter Lage mit Blick auf die Simonside-Hügel sind einige dieser uralten Kunstwerke deutlich erkennbar.

Lordenshaw ist eine Wallburg in Hügellage – solche „hillforts" sind über das ganze Land verstreut. Die Burg mit konzentrischen Erdwällen und Gräben stammt wie die meisten dieser Art in Großbritannien aus der Eisenzeit. Älter aber nicht genau datierbar sind die Felszeichnungen außerhalb der Wälle. Sie gehören zur verbreiteten „cup and ring" Gattung, d. h. sie bestehen größtenteils aus becherförmigen Vertiefungen („cups") und kreis- oder spiralförmigen Linien („rings"). Tausende Beispiele dieser Kunst wurden in Großbritannien, wie auch in anderen europäischen Ländern, entdeckt. Sie entstanden wohl vor 6000 bis 3500 Jahren im Neolithikum oder in der Bronzezeit. Ihre Bedeutung ist völlig unbekannt.

Die Bedeutung der Felszeichnungen ist unbekannt.

„Cup and ring"-Verzierung

In Lordenshaw führt ein breiter Pfad über Gras vom Parkplatz den Hügel hinauf. Nach 400 Metern gabelt sich der Weg. Links geht es nach ca. 100 Metern zum „Main Rock", auf dem die „cups and rings" klar zu erkennen sind. Von dort aus verläuft in nordwestlicher Richtung der Kamm einer Feldabgrenzung aus dem Mittelalter. Folgt man dieser Grenze, kommt man nach 150 Metern zum hufeisenförmigen „Horseshoe Rock" mit weiteren Zeichnungen. Es scheint, dass sich der Feldrand des Mittelalters an einem viel älteren Weg zwischen den beiden Steinen orientierte.

Vom Main Rock geht ein ausgetretener Weg zur Hügelkuppe hinauf. Die Reste der Wallburg sind – vor allem im Sommer – von Farnkraut, Heidekraut und Gräsern

Bei tief stehender Sonne sind die Reliefs gut erkennbar.

Die becherförmigen Vertiefungen wechseln sich mit Flechten ab.

überwuchert. Kreisförmige Strukturen aus Stein identifizierten Archäologen hier als Reste von 2000 Jahre alten Behausungen. Gut sichtbar ist die doppelte Umfassung der Anlage aus Erdwällen und Gräben. Im Gelände um die Burg herum fand man mehr als 100 markierte Steine, allerdings sind die Einritzungen weniger gut erkennbar als am Main Rock und am Horseshoe Rock. Ein mit gelben Pfeilen ausgezeichneter Weg führt ca. 200 Meter nördlich zum „Channel Rock", der eine tiefe vertikale Einkerbung aufweist.

Der Rundumblick vom Hügel ist herrlich. Der Besuch lässt sich gut mit einer Wanderung in den Simonside-Hügeln verbinden. Die höchste Erhebung, Tosson Hill, kommt auf 440 Meter, die anderen zwischen 300 und 400 Meter. Gegenüber dem Parkplatz bei Lordenshaw geht ein Wanderweg hoch. Wer einige Hundert Meter auf der kleinen Straße weiterfährt, erreicht den Simonside-Parkplatz, wo ein sieben Kilometer langer Rundweg beginnt.

Der tief eingekerbte „Channel Rock"

Heidekraut blüht im Sommer auf dem Hügel der eisenzeitlichen Befestigung.

INFO

Lage: Lordenshaw NE65 7NW

Websites:

- *northumberlandnationalpark.org.uk/places-to-visit/coquetdale/lordenshaws*
- *northumberlandnationalpark.org.uk/places-to-visit/coquetdale/simonside-hills*

Übernachten:/Einkehren:

- Tosson Tower Farm: B&B in einem 200 Jahre alten Bauernhaus; drei Kilometer nordwestlich von Lordenshawe an derselben Straße, Great Tosson NE65 7NW, Tel. + 44 1669 620228, *tossontowerfarm.com*
- The Turk's Head: Traditionsherberge mit Zimmer zum Übernachten und deftiger Küche; High Street, Rothbury NE65 7TE, Tel. +44 1669 620434, *turksheadrothbury.co.uk*

24. Kielder Forest and Water Park: Sport, Kunst, Sternenhimmel

Abgelegener geht es nicht, zumindest im englischen Teil des Königreichs nicht: Der nach Volumen größte künstliche See des Landes ist von einem der größten Aufforstungsprojekte Europas umgeben und befindet sich direkt an der schottischen Grenze in der Landesmitte, etwa gleich weit von der Ost- wie von der Westküste entfernt.

Dieses riesige Erholungsgebiet wurde ursprünglich nicht für Freizeitaktivitäten konzipiert, sondern sollte zur Zeit der Planung in den 1960er-Jahren Wasser für die Industrie und Holz für ein waldarmes Land liefern. Der Stausee Kielder Water samt Wasserkraftwerk wurde 1981 fertiggestellt und war erst zwei Jahre später mit den vorgesehenen 200 Milliarden Litern gefüllt. Der Rundweg um das Ufer misst 44 Kilometer. Nadelwald, hauptsächlich Tannenplantagen, und von Heidekraut bedecktes Moor umgeben den See.

„Silvas Kapitalis", ein begehbares Kunstwerk

Mit dem Niedergang der Schwerindustrie in Nordostengland und der zunehmenden Bedeutung der Freizeit kam nach und nach die Erkenntnis, dass dieses Gelände für die aktive Erholung erschlossen werden sollte. Heute sind die Möglichkeiten für Besucher vielfältig – neben Wassersport, vor allem Segeln, wird hier in erster Linie geradelt und gewandert. Mountainbiker können auf einfachen oder auch anspruchsvollen Pisten ihr Können beweisen. Entlang des Uferwegs stehen Kunstwerke, die man mit mittellangen Spaziergängen oder relativ unanstrengenden Fahrradtouren von den Besucherzentren Tower Knowe (im Osten nahe dem Staudamm), Kielder Waterside (etwa in der Mitte des Südufers) und Kielder Village (im

Westen am Ende der Straße) aus besichtigen kann. Am Nordufer beispielsweise, vom Kielder Village aus erreichbar, findet sich ein überdimensionierter Kopf aus Holz mit dem Namen „Silvas Kapitalis". 800 Meter vom Parkplatz Hawkhope am östlichen Ende des Stausees steht die „Wave Chamber", eine Camera obscura, in der durch Wellen gespiegeltes Licht auf den Boden projiziert wird.

Dank der Abgeschiedenheit ist der Kielder Forest and Water Park ein Lichtschutzgebiet, Teil des 1500 Quadratkilometer großen Northumberland International Dark Sky Park. Die Sternwarte Kielder Observatory besticht mit dem dunkelsten Nachthimmel des Landes und veranstaltet ein umfangreiches Programm für Sternengucker. Unweit davon befindet sich das „Skyspace", ein zum Himmel offener Steinbau des amerikanischen Künstlers James Turrell.

Kielder Castle, einst Jagdschloss der Herzöge von Northumberland

Spuren der Geschichte sind im Kielder Park eher unauffällig, doch haben Aufforstung und Überflutung sie nicht vollständig auslöscht. Kielder Castle, jetzt ein Besucherzentrum nahe Kielder Village, ist ein 200 Jahre altes ehemaliges Jagdschloss der Herzöge von Northumberland. Die Strecke von dort zum nördlichen Uferweg führt über den 1862 erbauten Viadukt einer längst still gelegten Eisenbahntrasse zwischen Schottland und dem Tyne-Tal. Um dafür die Erlaubnis des Herzogs zu erhalten, musste der steinerne Viadukt mittelalterliches Aussehen bewahren – mit Schießscharten und Zinnen.

Blick in Richtung Kielder Water vom ehemaligen Eisenbahnviadukt

Partie am Seeufer

INFO

Lage: Kielder Village NE48 1ER; etwa 30 Kilometer nordwestlich von Bellingham

Websites:

- *visitkielder.com*
- *northumberlandnationalpark.org.uk*
- Kunstroute: *kielderartandarchitecture.com*
- Sternwarte: *kielderobservatory.org*
- Wasser- und Abenteuersport: *calvertkielder.org.uk*
- Fahrradvermietung in Kielder Village und Kielder Waterside: *thebikeplace.co.uk*

Hinweis für Camper und Sternenfreunde: Abends im Wald können Mücken extrem lästig sein. Ein Kopfnetz und Abwehrmittel sind empfehlenswert.

Einkehren:

- Cafés im Tower Knowe Visitor Centre, Kielder Waterside und Kielder Castle
- The Angler's Arms: Pub nahe Kielder Castle; Kielder NE48 1ER, Tel. +44 1434 250230, *anglersarms.business.site*

25. BIRDOSWALD: AM RANDE DES RÖMISCHEN IMPERIUMS

Die Reste eines starken Forts stehen in wunderbarer Lage an einem Vorsprung über dem Tal des River Irthing und dienen als Ausgangspunkt für eine kurze oder längere Wanderung entlang Hadrian's Wall. Die 118 Kilometer lange Mauer sicherte die nordwestliche Grenze des römischen Reichs.

Ein erhaltener Abschnitt von Hadrian's Wall

Die Eroberung Nordenglands ab 70 n. Chr. erwies sich als schwierig, und es gelang den Römern nie, Schottland unter ihre Kontrolle zu bringen. Stattdessen errichteten sie eine Grenze, die Kaiser Hadrian ab dem Jahr 122 befestigte. Die fünf Meter hohe und drei Meter breite Mauer verlief von der Irischen See im Westen zur Nordsee im Osten und mit 16 Forts sowie 80 kleineren Festungen, genannt „Milecastles", in Abständen von 1500 Metern. Bis zu 10.000 Soldaten bewachten diese Grenze, von der beeindruckende Zeugnisse heute noch zu sehen sind. Die bekanntesten Forts an Hadrian's Wall, Vindolanda und Housesteads, liegen ungefähr in der Mitte. Die Anlagen am weiter westlich liegenden Birdoswald sind besser erhalten, werden aber weniger besucht.

Zwischen 122 n. Chr. und dem Abzug der Legionen aus Britannien kurz nach dem Jahr 400 war Birdoswald („Banna" zur römischen Zeit) ständig besetzt, wohl von mehr als 800 Soldaten. Sie gehörten einer Kohorte aus der Provinz Dacia, heute Rumänien, wie wir von Inschriften und Grabsteinen wissen. Bei einem Rundgang sieht man Reste von fünf der sechs ursprünglichen Tore, außerdem Teile der Getreidespeicher und Spuren von Holzbauten aus nachrömischer Zeit. Ein kleines Museum vor Ort erzählt die Geschichte von Hadrians Mauer und dem Fort Banna. Nach dem Rückzug der Legionen war das Gelände innerhalb der Umfassungsmauern noch bewohnt, später verfiel das Bauwerk oder diente den Bewohnern der Gegend als Steinbruch. Zur Zeit der Unruhen an der englisch-schottischen Grenze im späten Mittelalter (14. bis 16. Jahrhundert) entstand ein befestigtes Bauernhaus. Das wehrhaft aussehende Haus, das jetzt an der Stelle steht, wurde im 18. Jahrhundert erbaut.

Umfassungsmauer und Bauten des römischen Forts

Die schöne, leicht hügelige Landschaft östlich und westlich von Birdoswald bietet sich für einen Gang an der Hadrian's Wall, die bis zu einer Höhe von 2,5 Metern erhalten ist. Hier befindet sich der längste erhaltene Abschnitt. 325 Meter westlich von Birdoswald sieht man ein Türmchen. Wer in östlicher Richtung wandert, sieht nach ca. 600 Metern einen Milecastle und Brückenfundamente an der Stelle, wo die Mauer den Fluss Irthing querte, erreicht dann nach sechs Kilometern Greenhead, wo das Roman Army Museum mehr über das Leben der Grenzsoldaten informiert.

Für die mittelalterliche Burg von Thirlwall kamen Steine aus Hadrian's Wall zum Einsatz.

Das Fort Birdoswald beherrscht den Irthing-Tal.

INFO

Lage: Birdoswald CA8 7DD; sechs Kilometer westlich von Greenhead

Websites:

- *visithadrianswall.co.uk*
- Fernwanderweg: *nationaltrail.co.uk*
- Fort: *www.english-heritage.org.uk/visit/places/#?page=1&place=Birdoswald Roman Fort - Hadrian's Wall*

Übernachten/Einkehren:

- Willowford Farm: B&B auf einem Biobauernhof aus dem Jahr 1830 mit fünf Gästezimmern. Die Besitzer führen auch The Samson Inn in Gilsland, wo das eigene Lammfleisch auf der Karte steht; direkt an der Hadrian's Wall 1,5 Kilometer östlich von Birdoswald, Gilsland CA8 7AA, Tel. + 44 16977479 62, *willowford.co.uk*

Der Nordwesten

Cromwell's Bridge überbrückt die River Hodder bei Stoneyhurst.

Der Nordwesten

26. St Bees: ein Kreuzfahrer und eine Klippenwanderung
27. Wasdale: der höchste Berg, der tiefste See, die kleinste Kirche
28. Eskdale: ein Tal zwischen Meer und Bergpass
29. Drei Inseln: exzentrische Riten, eine Burg und viel Natur
30. Cautley Spout: der höchste Wasserfall Englands
31. Morecambe Bay, der Norden: Aussichtspunkte und eine gefährliche Überquerung
32. Lancaster: die bescheidene königliche Stadt
33. Morecambe Bay, der Süden: mystische Orte am Wattenmeer
34. Ribble Valley: Wandern und Gastronomie
35. Downham und Pendle Hill: Dorfidylle unter dem Hexenberg

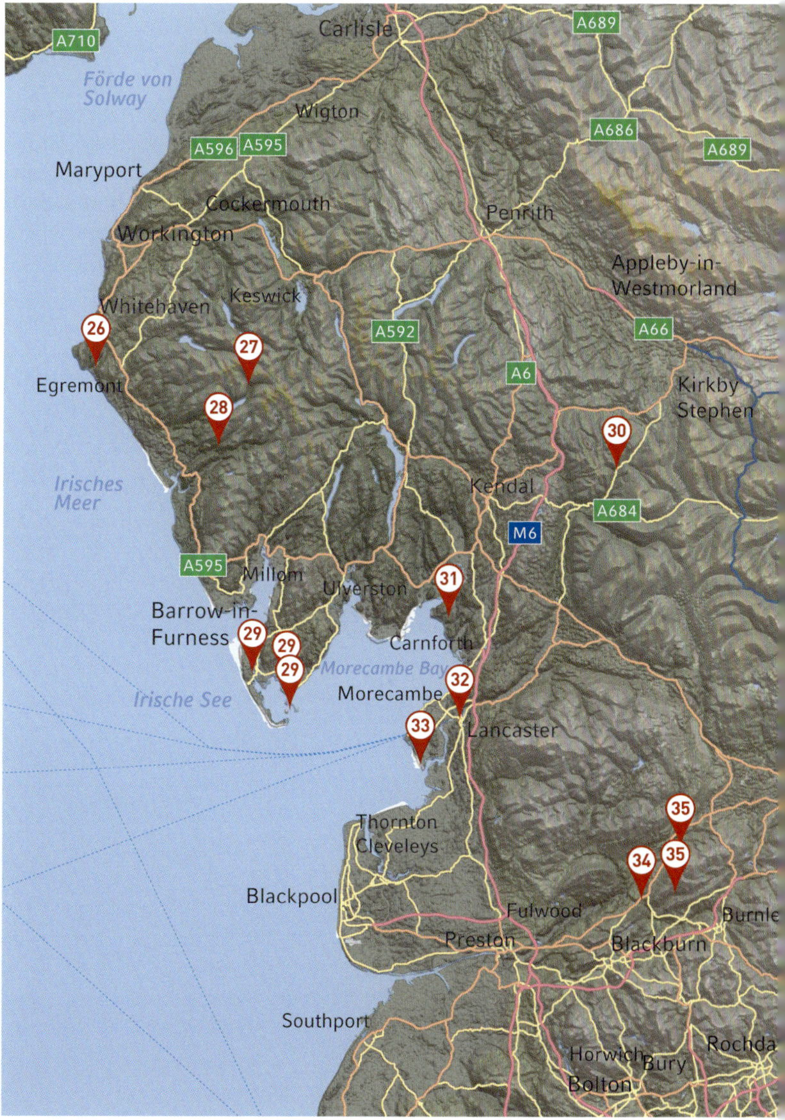

A710
Förde von Solway
Carlisle
A689
Wigton
A686
A689
A596
A595
Maryport
Cockermouth
Penrith
Workington
Appleby-in-Westmorland
Whitehaven
Keswick
A592
A66
26
27
A6
Egremont
Kirkby Stephen
28
30
Irisches Meer
Kendal
A684
M6
A595
Millom
31
Ulverston
Barrow-in-Furness
29
29
29
Carnforth
Morecambe Bay
32
Irische See
Morecambe
33
Lancaster
35
Thornton Cleveleys
34
35
Blackpool
Fulwood
Burnle
Preston
Blackburn
Southport
Rochda
Horwich
Bury
Bolton

26. St Bees: ein Kreuzfahrer und eine Klippenwanderung

Der kleine Badeort mit einer beschaulichen Dorfstraße besticht mit einem natürlichen und einem historischen Highlight. Manche besuchen St Bees jedoch, nur um einige Stunden am Meer zu verbringen. Bei Flut sieht man einen steinigen Strand mit hölzernen Buhnen, bei Ebbe wird eine weite Sandfläche freigelegt.

Turm und Ostfenster der St Bees Priory

Von der heiligen Bega erhielt St Bees seinen Namen. Der Überlieferung nach war sie eine fromme irische Königstochter, die sich weigerte, einen Wikingerprinz zu heiraten. Um der Ehe zu entgehen, segelte sie über das Meer und gründete eine Kirche an der Küste von Cumbria, möglicherweise um das Jahr 850. Ein steinernes Hochkreuz mit keltischer Dekoration aus dem 10. Jahrhundert bezeugt, dass vor mehr als 1000 Jahren ein

St Bees School, eine 1583 gegründete Privatschule

Das reich verzierte romanische Westportal der Kirche

Zentrum des Christentums hier bestand. Die stattliche Kirche St Bees Priory entstand unter der Normannenherrschaft im 12. Jahrhundert. Gegenüber der Kirche und ebenfalls aus dem roten Sandstein der Gegend gebaut steht die St Bees School. Der hier geborene Edmund Grindal, Erzbischof von York und später Canterbury, gründete die Schule im Jahr 1583.

Bei Ausgrabungen neben der Kirche entdeckte man 1981 den „St Bees Man", dessen Leiche in einem mit Harz getränkten Leinentuch gewickelt und luftdicht in einem Sarg aus 60 Kilogramm Blei verpackt war. Bart, Haut, Haare und innere Organe waren so gut erhalten, dass Mediziner eine Autopsie durchführen konnten. Es handelt sich höchstwahrscheinlich um Antony de Lucy, der im Jahr 1367 nach Preußen reiste, um mit dem Deutschen Ritterorden gegen die noch heidnischen Litauer zu kämpfen. Der „St Bees Man" erlitt einen Rippen- und Kieferbruch, möglicherweise bei der Erstürmung eines Forts. Die Entdeckung einer so gut erhaltenen Leiche aus dem Mittelalter, die dazu noch von der fernen Ostsee nach Nordengland zurückgeschickt wurde, war eine Sensation. Eine Ausstellung in der Kirche zeigt einige Grabfunde.

St Bees steht am Anfang einer beliebten Fernwanderung: Der Coast to Coast Walk führt 307 Kilometer quer durch Nordengland zur Nordsee. Es lohnt sich, die ersten 3,5 Kilometer mitzugehen. Zuerst steigt man vom Strand auf die Klippen. Bei klarem Wetter sieht man die Isle of Man und die schottische Südküste. An diesen Klippen nistet die größte Seevogelkolonie in Nordwestengland. Eissturmvögel, Tordalke und Gryllteiste fliegen ständig hin und her, tauchen und schreien. Besonders laut sind die Dreizehenmöwen, weiter außerhalb am Meer sieht man Sturmtaucher und Raubmöwen. Nahe dem Leuchtturm kann man das Geschehen von drei gesicherten Aussichtspunkten beobachten. Unterwegs sollte man zum verwunschenen Strand von Fleswick Bay hinabsteigen. Mit den Sandsteinfelsen im Rücken hält man hier Ausschau nach Robben oder Tümmlern, sucht Kieselsteine oder entdeckt die Meereshöhle. Wer mehr Zeit hat, kann zwölf Kilometer am Küstenpfad nach Whitehaven weiter laufen. Dort gibt es einen Hafen und das empfehlenswerte Beacon Museum mit der Geschichte und der Natur der Region. Mit der Bahn fährt man nach St Bees zurück.

Die Steilküste nördlich von St Bees

INFO

Lage: St Bees CA27 0DG. Die Kirche befindet sich nördlich der Dorfmitte, der Strand ca. einen Kilometer westlich über die Beach Road.

Websites:

- *stbees.org.uk*
- *rspb.org.uk* (dort: reserves-and-events/st-bees-head)

Übernachten/Einkehren:

- Lulu's, Old Station House: Bistro mit B&B am Bahnhof; 134 Main Street, St Bees CA27 0DG, Tel. +44 1946 822 600
- Albert Hotel: im Dorf; Finkle Street, St Bees CA27 0BN, Tel. +44 1946 822345, *alberthotel-stbees.co.uk/index.html*
- Queen's Hotel: 130 Main Street, St Bees CA27 0DE, Tel. +44 1946 822287
- Seacote Hotel: am Strand gelegen; Beach Road, St Bees, St Bees CA27 0ES, *seacote.com*
- Hartley's Beach Shop and Tea Room: kleines Strandcafé; Beach Road, St Bees CA27 0ES, +44 1946 820175

27. Wasdale: der höchste Berg, der tiefste See, die kleinste Kirche

Die Landschaft im Tal Wasdale eignet sich für die Verfilmung eines Fantasyromans – vor allem dann, wenn tief liegende Wolken über dem See hängen, was nicht selten vorkommt. Das Tal ist eine Sackgasse: an der Siedlung Wasdale Head hört die Straße auf, weiter geht es nur zu Fuß in die Berge hinauf.

Blick entlang Wastwater zum Wasdale Head

Der See Wastwater hat eine Länge von fünf Kilometern, eine Breite von etwa 800 Metern und ist mit 80 Metern der tiefste See in England. An der Südseite fallen Geröllhänge steil zur meist dunklen Wasserfläche hinab, eine ebenso dramatische Szene wie der Blick nach Nordosten zum Scafell Pike, dem höchsten englischen Berg (978 Meter). Gletscher formten diese Landschaft während der letzten Eiszeit. Wasdale ist ein Trogtal, das der River Irt in die Irische See entwässert.

Die dritte Superlative im engen Tal bietet die Kirche St Olaf, angeblich die kleinste Englands. Sie stammt in ihrer jetzigen Form aus der Zeit um 1550. Möglicherweise existierten ältere Holzkirchen bereits vor 1000 Jahren, als Wikinger das Tal besiedelten. Das schlichte Gotteshaus mit offenem Dachstuhl wirkt wie eine Scheune im Miniaturformat. Im Kirchhof sieht man die Gräber verunglückter Bergsteiger. Erst seit 1901 wird hier bestattet, denn früher trug man die Leichen über den Berg zur St Catherine's-Kirche im benachbarten Eskdale.

Wasdale Head gilt als „Geburtsstätte der englischen Bergkletterei". Kein Gipfel des Landes bringt es auf 1000 Meter, aber es handelt sich um echte Berge: steil, schroff, unwirtlich, bei Nebel und Niederschlag mitunter gefährlich. Wer hier wandert, sollte gut ausgerüstet sein – auch mit den vor Ort erhältlichen Karten und Wegbeschreibungen. Der urige Wasdale Head Inn, seit dem 19. Jahrhundert Treffpunkt aller Abenteurer, vermittelt noch mit Kaminfeuer und Memorabilien einen Eindruck früherer Zeiten und rühmt sich mit dem legendären einstigen Wirt Will Ritson (1808–1890), der für seine Gäste haarsträubende Geschichten über das Leben im Tal erfand. Ihm zu Ehren wird jährlich im November (nicht vor Ort, sondern fünf Kilometer südwestlich im Santon Bridge Inn) „der größte Lügner der Welt" gekürt. Kandidaten erzählen einer Jury ihre Baron-Münchhausen-Fantasien.

Außer an Wochenenden und während der Schulferien herrscht meist geringes Verkehrsaufkommen.

Wastwater ist ein Ziel für Taucher. Auch hier kam der schräge Humor der Briten zum Ausdruck. Das Wasser hat infolge eines geringen Mineralgehalts keine reichhaltige Tier- oder Pflanzenwelt. Klare Sicht also, aber nicht viel zu sehen. 2005 schafften Taucher Abhilfe, indem sie Gartenzwerge auf den Grund des Sees stellten. Diese Sehenswürdigkeit zog viele Neugierige an. Als Unfälle passierten, mussten Polizeitaucher die Zwerge entfernen. Wasdale ist zwar abgelegen, doch an Wochenenden im Sommer und während der Schulferien kommen viele Besucher. Zu anderen Zeiten schlendern Schafe ungefährdet über die Straße.

Wer eine Wanderung ohne Steigungen sucht, kann auf einer Strecke von ca. zehn Kilometern den See umrunden – auf den Geröllhängen ist Trittsicherheit geboten. Eine tolle Aussicht bietet der Berg Middle Fell (582 Meter) an der Nordseite des Sees. Um dorthin zu gelangen, fährt man von Süden (Santon Bridge) kommend am Seeufer entlang bis zur Straße links Richtung Gosforth. Nach 800 Metern erreicht man einige Häuser. Davor geht es nach rechts über den Rasen, dann parallel zum Bach (Greendale Gill) hinauf. Nach weiteren ca. 800 Metern hält man sich an der Gabelung nach rechts und hat es nicht weit zum Gipfel.

INFO

Lage: Wasdale Head CA20 1 EX

Websites: Bergwetter: *mwis.org.uk*

Übernachten/Einkehren:

- Wasdale Head Inn: Biergarten, Zimmer und Apartments in einer umgebauten Scheune. Angeschlossen sind das Lingmell House B&B und der Barn Door Shop für Outdoor-Ausrüstung und Wanderkarten; Wasdale Head CA20 1EX, Tel. +44 19467 26229, *wasdale.com*
- Burnthwaite: B&B auf dem Bauernhof, Wasdale Head CA20 1EX, Tel. +44 19467 26242, *burnthwaite.co.uk*
- YHA Wasdale Hall: Jugendherberge in einem ehemaligen Herrensitz am Seeufer; Wasdale Head CA20 1EX, *yha.org.uk/hostel/yha-wasdale-hall*
- Campingplatz: *nationaltrust.org.uk* (dort: Holidays, Suchbegriff „Wasdale")

28. Eskdale: ein Tal zwischen Meer und Bergpass

Eins der ruhigsten Täler im Nationalpark Lake District erstreckt sich zwischen der Westküste und dem Hardknott Pass. Vom Dorf Ravenglass an der Irischen See fährt eine reizende Schmalspurbahn ins grüne Eskdale.

Im oberen Abschnitt des Tals wird die Stille kaum von Verkehr gestört. Zu hören sind das Blöken der Schafe auf den von Trockensteinmauern umgebenen Wiesen sowie das Rauschen des River Esk, der zahlreichen Bäche, die ihn speisen, und der Wasserfälle an den steilen Hängen. Für das satte Grün und das allgegenwärtige Plätschern gibt es einen offensichtlichen Grund: Die Region ist regenreich. Seine Ruhe verdankt das Tal der Tatsache, dass der Hardknott Pass mit seinen Haarnadelkurven und einer Steigung von 33 Prozent für Busse und Lkw schwer passierbar ist. Auch für Pkw ist die Fahrt von den vielbesuchten Teilen des Nationalparks beschwerlich.

Das römische Fort am Hardknott Pass

Der Pass erreicht 393 Meter. Auf halber Höhe stehen die Reste einer römischen Festung. Ab dem Jahr 110 sicherte sie die Route von der Küste ins Hinterland. Innerhalb der heute ca. zwei Meter hohen Umfassungsmauern mit quadratischem Grundriss erkennt man Reste von einem Verwaltungsbau und dem Haus des Kommandanten. Der Blick entlang des Tals bis zum Meer ist wunderbar.

Die Schmalspurbahn verbindet Ravenglass am Meer mit Dalegarth im Tal Eskdale.

Das untere Tal ist etwas touristischer, denn die elf Kilometer lange Fahrt unter Dampf mit dem Ravenglass & Eskdale Railway, einer liebevoll gepflegten Schmalspurbahn, ist zu Recht beliebt. Sie wurde 1875 gebaut, um Eisenerz aus dem Tal zur Küste zu transportieren. Im Sommer tummeln sich Ausflügler um die Endstation Dalegarth, man muss sich aber nicht weit davon entfernen, um einen Spaziergang oder eine Bergtour ohne viele Mitmenschen zu genießen. 500 Meter taleinwärts vom Bahnhof Dalegarth im Dorf Boot liegt die Eskdale Mill. Mit der Wasserkraft des schnell fließenden Whillan Beck mahlt die historische Mühle noch bis heute Getreide. Auch das Müllerhäuschen aus dem 18. Jahrhundert, eine Steinbrücke über den Bach und die Stallungen sind erhalten.

Ein kurzer Spaziergang (auf dem Pfad gegenüber dem Brook House Inn zwischen Bahnhof und Dorf) führt zur St Catherine's Church am Esk-Ufer und einem Friedhof mit bemoosten Grabsteinen. Der heutige Bau stammt aus dem 19. Jahrhundert, eine Kirche steht aber seit ca. 900 Jahren an der Stelle. Hier lebte laut Überlieferung im 7. Jahrhundert ein Eremit an einer heiligen Quelle, der St Catherine's Well, die auf der Wiese ca. 300 Meter östlich der Kirche zu sehen ist.

Die Schafzucht prägt Landschaft und Wirtschaft im Eskdale.

Zu den Wasserfällen an der Schlucht Stanley Ghyll geht man vom Dalegarth Station auf der Straße nach rechts bis zum alten Schulhaus (300 Meter), nach links in eine kleine Straße und über den Esk. Nach einigen hundert Metern ist der Weg ausgeschildert. Oberhalb der Wasserfälle (Rutschgefahr!) gibt es einen Aussichtspunkt mit einem tollen Bergpanorama. Für den Weg hin und zurück rechnet man ca. 90 Minuten.

Eine längere Wanderung (zwölf Kilometer, teils anstrengend) beginnt am Woolpack Inn im oberen Tal. Dort geht es nach rechts (westlich) auf der Straße und nach 150 Metern links, über die bucklige Doctor Bridge und nach links parallel zum Fluss, etwa 2,5 Kilometer bis die Straße am Fuß des Hardknott Pass erreicht ist. Direkt vor den Warnschildern für den Verkehr führt ein Schot-

Blick ins Eskdale vom Hardknott Pass

terweg am Hof Brotherilkeld vorbei. Hier geht man drei Kilometer bergauf am Ostufer des Esk in eine immer rauer werdende Bergwelt zur uralten Brücke Lingcove Bridge. Auf dem gleichen Weg kehrt man zurück.

INFO

Lage: Woolpack Inn (im oberen Tal) CA19 1TH

Aktivitäten:

- Schmalspurbahn von Ravenglass nach Dalegarth: Fahrradtransport möglich: *ravenglass-railway.co.uk*
- Wandern: rechnen Sie mit Regen und sehr feuchten Böden!
- Abenteuersport (Kanu, Kajak, SUP, Klettern, Canyoning): Tel. +44 1946 7 23753, *westlakesadventure.co.uk*
- Eskdale Cycle Trail: markierte Strecke von der Endstation der Schmalspurbahn in Dalegarth zurück nach Ravenglass, 14 Kilometer durch reizende Landschaft; *lakedistrict.gov.uk/visiting/things-to-do/cycling/eskdaletrail*
- Eskdale Mill: Eskdale Mill, Boot Village, Holmrook CA19 1TG, *eskdalemill.co.uk*

Websites:

- *visitcumbria.com/amb*
- *eskdale.info*

Einkehren:

- Cafés an den Bahnhöfen in Ravenglass und Dalegarth
- The Boot Inn: Boot CA19 1TG, Tel. +44 1946 723711, *thebooteskdale.co.uk*
- Brook House Inn: Boot CA19 1TG, Tel. +44 19467 23288, *brookhouseinn.co.uk*

Übernachten:

- Woolpack Inn: Zimmer, Café und Bar, Hardknott Pass, Eskdale CA19 1TH, im oberen Tal, Tel. +44 1946 723230, *woolpack.co.uk*
- Wha House Farm: B&B in ruhiger Lage nahe dem Hardknott Pass; Boot CA191TH, Tel. +44 19467 23322, *whahousefarm.co.uk*

29. DREI INSELN: EXZENTRISCHE RITEN, EINE BURG UND VIEL NATUR

Die Halbinsel Furness ist ein abgelegener Landstrich in der südwestlichen Ecke der Region Cumbria. Dort liegen drei

Eine Bucht bei Roa Island

Inseln mit eigentümlichem Charakter, zwei davon mit dem Auto erreichbar, eine mit einer kleinen Fähre: Roa, Piel und Walney Island. Schöne Panoramablicke sind die Belohnung für die längere Fahrt vom Osten dorthin auf der Küstenstraße A5087.

Roa Island ist keine echte Insel mehr, denn ein 500 Meter langer Damm verbindet sie mit dem Festland. Der Ort am Ende des Damms ist nicht besonders ansprechend. Es gibt einige Häuserreihen, ein Café und eine Rettungsbootstation. An der Westseite steht das einzige Denkmal, ein steinernes Torhaus im neugotischen Stil, das 1847 als Wachturm der Zollbehörde errichtet wurde. Der Grund, Roa Island aufzusuchen, ist die Fähre zur Piel Island ein Kilometer südlich.

Torhaus der Zollbehörde auf Roa Island

Die 20 Hektar große Piel Island besitzt eine imposante Burgruine und einen Pub. Im 14. Jahrhundert errichteten die Äbte von Furness diese Burg zur Verteidigung gegen Piraten und Schotten. Die Dächer sind längst eingestürzt, aber dank der Insellage wurden die Steine der starken Mauern nicht für andere Zwecke entwendet. Heute präsentieren sich ein hoher Bergfried und zwei ummauerte Höfe mit Türmen. Die Steine für den Burgbau wurden von nahen Stränden geholt, feinere Details der Architektur mit rotem Sandstein ergänzt. Im Jahr 1487 war die Burg Schauplatz großer Ereignisse. Gegner der Tudor-Dynastie in Dublin erklärten den zehnjährigen Lambert Simnel zum rechtmäßigen König, überquerten die Irische See nach Piel Island und setzen von dort aus auf das Festland. Die Invasion schlug fehl. König Henry VII. ließ Gnade walten und den jungen Simnel nicht enthaupten, sondern als Knecht in der königlichen Küche arbeiten.

Nach einem Spaziergang um die Insel kehrt man ins Ship Inn ein. Auch die 300 Jahre alte Herberge hat royale Ansprüche, denn seit alters her wird der Wirt zum König der Insel gekrönt. Wer die Stelle

Die Fähre von Roa zur Piel Island

übernimmt, setzt sich auf einen uralten, thronähnlichen Sessel, hält ein Schwert in der Hand, trägt einen Helm und wird mit Bier übergossen.

Bei Ebbe können Ortskundige durch das Watt von Piel Island zu Walney Island überqueren. Wer sich hier nicht auskennt, sollte es nicht versuchen. Walney ist ein 20 Kilometer langer, gekrümmter Landstreifen mit Naturschutzgebieten an der Nord- und Südspitze. Eine Brücke neben den Hallen der Schiffswerften in der Stadt Barrow-in-Furness verbindet die Insel mit dem Festland. Hat man die Industrieanlagen und Wohnsiedlungen hinter sich gelassen, befindet man sich in einem der entlegensten Gegenden Englands. Auf flachem, windigem Terrain zieht sich die Straße an Viehweiden vorbei zwischen dem langen Strand an der Westküste und dem von schlammigen Wasserläufen und Schilf gesäumten Watt an der Ostseite.

Blick von Walney auf die Burg von Piel Island

Das Dünengebiet im Norden lockt mit einer artenreichen Flora und Vogelwelt. Etwas attraktiver aufgrund der Robbenkolonie und der weiten Aussicht auf Piel Island und die Morecambe Bay ist das Walney Bird Observatory im Süden. Auch hier findet man Sanddünen, außerdem Salzwiesen, Brackwasserteiche, Kiesstrände, geschützte Hütten für Vogelfreunde und eine Besucherkabine mit Informationen. Markierte Rundwege erschließen das Reservat. Hier brüten

Versteck für Vogelfreunde an der Südspitze der Walney Island

17.000 Möwenpaare: Silber- und Heringmöwen, die größte europäische Kolonie (Kopfbedeckung mitbringen!). Mehr als 250 Arten, viele davon Zugvögel, wurden auf Walney gesichtet. Zu den ersten Ankömmlingen im Frühling gehören der Zilpzalp und Steinschmätzer. Eiderente, Sandregenpfeifer und Austernfischer sind oft zu sehen. Farbtupfer setzen Grasnelken und Klippenleimkraut im Frühling, blauer Natternkopf und gelber Hornmohn im Sommer. Um die Kegelrobben zu schützen, führen die Wege nicht zu deren Strände hinunter und das Mitführen von Hunden ist nicht erlaubt.

Der England Coast Path, ein neu geschaffener Küstenweg um das ganze Land herum, umrundet die Insel auf einer Länge von 34 Kilometern. Wer gerne das Gefühl hat, unter einem weiten Himmel am Ende der Welt zu sein, wird Walney Island schätzen.

Strand auf Walney Island

INFO

Lage: Roa Island LA13 0QN

Aktivitäten:

- Piel Castle: www.english-heritage.org.uk/visit/places/piel-castle (Fähre ab Roa Island nach Piel Island: Tel. +44 7798 794550, *pielisland.co.uk*)
- South Walney Nature Reserve: Beachten: Walney Island: Bei Sturmflut kann die Straße zur Insel überschwemmt sein! LA14 3YQ, *cumbriawildlifetrust.org.uk/nature-reserves* (dort auch: Wildlife/Webcams/Sealcam)

Einkehren:

- Ship Inn: Piel Island, Tel. +44 7516 453784, *pielisland.co.uk/ship-inn*

Übernachten:

- Zelten auf Piel Island: Toiletten vorhanden, kein Strom auf der Insel
- Unterkünfte in Barrow-in-Furness: Die Stadt hat nicht den besten Ruf (dafür viel Humor: siehe visitbarrow.org.uk/20-reasons-to-not-visit-barrow/), aber eine tolle Umgebung *visitbarrow.org.uk/accommodation*

30. CAUTLEY SPOUT: DER HÖCHSTE WASSERFALL ENGLANDS

In vier Stufen fällt Cautley Spout 198 Meter ins Tal. Das Naturspektakel ist bei einem Spaziergang von 1,5 Kilometern zu erreichen und liegt nahe der Stadt Sedbergh am Rande einer Berggruppe mit dem Namen Howgill Fells. Auf einem Plateau am Gipfel The Calf (das Kalb) vereinen sich kleine Bäche und stürzen ins Tal, wo sie mit dem Fluss Rawthey zusammenfließen.

Tief hängende Wolken im Pennine-Gebirge

Der Weg dahin beginnt am Parkplatz neben der Herberge The Crosskeys nördlich von Sedbergh, wo Stufen zu einer Brücke hinunter führen. Man überquert die Rawthey und folgt einem Schotterweg nach links parallel zum Flussufer. Nach ca. 500 Metern entfernt sich der Weg vom Rawthey und führt als deutlicher Trampelpfad bergauf mit einem Bach

Der Fluss Rawthey

auf der linken Seite. Nach einem Kilometer nähert man sich dem Fuß des Wasserfalls. Die Orientierung ist leicht, der Weg noch nicht besonders steil, aber in diesem regenreichen Gebiet oft sehr feucht.

Eine von vier Stufen des Wasserfalls

Bereits am Fuß von Cautley Spout ist der Blick zurück beeindruckend. Archäologen entdeckten im von Gletschern geformten Bachtal Reste einer eisenzeitli-

Am Aufstieg zum Wasserfall

chen Siedlung. Die Menschen der Gegend lebten damals wie heute von der Schaf- und Rinderzucht. Wer etwas näher an den Wasserfall kommen und einen wirklich grandiosen Blick ins Tal genießen möchte, muss dann einen beschwerlichen Aufstieg in Kauf nehmen. Der Weg geht bei Nässe über rutschige Steine, sodass große Vorsicht und gutes Schuhwerk erforderlich sind!

Zum Startpunkt der Wanderung kehrt man auf demselben Weg zurück und findet Stärkung im urigen Pub The Cross Keys, der landesweit eine einmalige Stellung besitzt: Hier wird kein Alkohol ausgeschenkt. Im Jahr 1902 ertrank der Wirt beim Versuch, einen Betrunkenen zu retten, der in den River Rawthey gefallen war. Der Betrunkene überlebte, seine Familie kaufte die Herberge und verfügte, dass fortan nur alkoholfreie Getränke serviert werden sollten. Das gilt bis heute.

Der einzige alkoholfreie Pub Englands

Brücke über den River Rawthey neben dem Pub Cross Keys

INFO

Lage: an der A 683 nordöstlich von Sedbergh, Cautley Spout LA10 5NE

Websites:

- *cumbriatourism.org*
- *www.sedbergh.org.uk*

Einkehren:

- Cross Keys Temperance Inn: warme Küche im alten Gemäuer; Caultly, Sedbergh LA10 5NE, Tel. +44 015396 20284, *cautleyspout.co.uk*
- The Three Hares: Feinkostgeschäft und Café, 57 Main Street, Sedbergh, Tel. +44 15396 21058, *threeharesdeli.co.uk*

Übernachten: Die in reizender Landschaft gelegene, charmante Stadt Sedbergh besitzt eine gute touristische Infrastruktur.

- The Black Bull: komfortable Zimmer und ausgezeichnete Küche; 44 Main Street, Sedbergh LA10 5BL, Tel. +44 15396 20264, *theblackbullsedbergh.co.uk*
- The Dalesman: eine Traditionsherberge; Main Street, Sedbergh, LA10 5BN, Tel. +44 15396 21183, *thedalesman.co.uk*

31. Morecambe Bay, der Norden: Aussichtspunkte und eine gefährliche Überquerung

Die Gegend um die Orte Arnside und Silverdale wurde als „Area of Outstanding Natural Beauty“ designiert: kein Nationalpark aber ein „Gebiet außerordentlicher natürlicher Schönheit“, das diese Bezeichnung zweifellos verdient.

Blick zum Meer von Warton Crag

Für einen Überblick gibt es keinen besseren Platz als der Gipfel des 163 Meter hohen Hügels Warton Crag. Die Erhebung aus Kalkstein besitzt eine interessante Flora und Fauna – im April blühen Veilchen und Buschwindröschen in Wäldern an den nördlichen und östlichen Hängen, im späten Frühling ziehen Schmetterlinge von Blüte zu Blüte im üppigen Bewuchs mit Hornklee und Wicke. Der Aufstieg beginnt an einem Steinbruch, wo Wanderfalken nisten. Der Weg ist teilweise steil und mit Brombeergestrüpp überwachsen, aber bald belohnt ein Panoramablick die Mühe. Das Auge schweift über die ganze Meeresbucht Morecambe Bay und in Richtung Norden zu den Bergen im Nationalpark Lake District. Spuren menschlicher Besiedlung aus der Bronze- und Eisenzeit wurden am Warton Crag entdeckt, sind aber unter dem Gestrüpp kaum noch sichtbar. Unten im Dorf Warton lohnt sich ein kurzer Besuch des Old Rectory, das ab dem frühen 14. Jahrhundert als imposante Residenz der Pfarrer der gegenüberliegenden St Oswald's-Kirche diente. Die Ruinen sind frei zugänglich und wurden seit über 300 Jahren nicht bewohnt.

Fünf Kilometer nördlich von Warton Crag vermittelt auch die Küste einen Eindruck der Natur an der Morecambe Bay. Die Lindeth Road südlich des Dorfes Silverdale führt zur Galerie und Café Wolf House. Von hier spaziert man vorbei an der Gibraltar Farm und dem Lindeth Tower, einem Wohnturm aus dem Jahr 1842, zum Naturschutzgebiet Jack Scout, das aus Grünflächen mit einem historischen Kalkbrennofen, niedrigen Klippen am Meer und kleinen Buchten besteht. Bei Ebbe bietet sich ein vorsichtiger Ausflug – nicht weit, denn an schlammigen Stellen sinkt man schnell ein, und Meeralgen machen die Felsen rutschig! – vom Ufer ins Watt. Dieser Küstenabschnitt ist ein idealer Ort, um den Sonnenuntergang oder die aufziehende Flut zu beobachten. Etwas weiter, nahe der Landspitze Jenny Brown's Point, ragt ein 200 Jahre alter Schlot, der einzige Rest einer Kupferhütte, in den Himmel.

Morecambe Bay ist für schnell anflutende Gezeiten bekannt – wie ein galoppierendes Pferd, wurde früher erzählt – und ist durchaus gefährlich. In der Nacht zum 5. Februar 2004 kam es zu einer Tragödie, als eine Gruppe illegaler, von Banden kontrollierter chinesischer Einwanderer auf Sandbänken und in seichten Prielen Herzmuscheln sammelte. Als die herankommende Flut diese Ortsunkundigen über-

Die Küste am Naturschutzgebiet Jack Scout

raschte, ertranken 23 Menschen im eiskalten Wasser. Nicht von ungefähr gibt seit fast 500 Jahren das Amt des „King's Guide to the Sands". Der 25. Träger des Titels ging 2019 nach 56 Jahren im Amt in den Ruhestand. Sein Nachfolger, ein Krabbenfischer, hat in den Sommermonaten die Aufgabe, Freizeitgruppen über Sandflächen und durch die Wasserläufe an der Mündung des River Kent von der Ost- zur Westseite der Bucht zu führen. Bis zum Bau eines ersten Eisenbahnviadukts an der Flussmündung im Jahr 1857 diente der „königlicher Wattführer" nicht dem Freizeitvergnügen, sondern lotste Pferdewagen mit Gütern und Reisenden auf dem sichersten Weg am Treibsand vorbei.

Eisenbahnbrücke in Arnside an der Mündung des Flusses Kent

Der Wechsel der Gezeiten ist im Ferienort Arnside besonders gut zu sehen. Von der Uferpromenade kann man die Gefährlichkeit der Überfahrt nachvollziehen, wenn man auf das Schrumpfen bzw. Wachsen der Sandflächen bei auf- oder ablaufenden Wasser schaut.

An manchen Tagen gibt es eine regelrechte Flutwelle, an der wagemutige Paddleboarder und Kajakfahrer surfen. Diese im Trabtempo heranziehende Welle mit weißer Schaumkrone rauscht über die nach Norden hin enger werdende Wattfläche und durch die Bögen des Bahnviadukts. Ihr Erscheinen ist schwer zu prognostizieren, denn sie hängt nicht nur von den Gezeiten, sondern auch vom Wind ab. Die besten Chancen, die Welle zu sehen, hat man an Tagen mit hohem Flutpegel. Jederzeit eindrucksvoll ist die Aussicht vom Hügel Arnside Knott, den man vom Dorf aus oder (mit weniger Aufstieg) von der Straße aus Silverdale erreicht.

INFO

Lage: Silverdale liegt etwa acht Kilometer nördlich von Carnforth. Warton Crag: von Dorfmitte Warton 700 Meter über Crag Road zum Steinbruch (LA5 9RB).

Websites:

- *arnsidesilverdaleaonb.org.uk*
- *arnsidevillage.co.uk* (mit Webcam)
- Warton Crag: *lancswt.org.uk/visit/places-visit*
- Gezeiten: *tidetimes.org.uk/arnside-tide-times*
- Geführte Querung: *guideoversands.co.uk*

Einkehren:

- Arnside Chip Shop: im Café essen oder Fish & Chips to go. Das Lokal ist sehr beliebt, Tischreservierung empfohlen. Das Angebot umfasst verschiedene Fischsorten und Meeresfrüchte, nicht nur die übliche Portion Kabeljau mit Fritten. 1 The Promenade, Arnside, Carnforth LA5 0HF, *arnsidechipshop.co.uk*
- Wolf House Café: Tel. +44 1524 702024, Ecke Lindeth Road/Hollins Lane, Silverdale, Carnforth LA5 0TX

Übernachten:

- Ye Old Fighting Cocks: Die meisten Gästezimmer haben Ausblick auf die Flussmündung und/oder Berge, das Restaurant serviert deftige britische Küche; The Promenade, Arnside LA5 0HD, Tel. +44 1524 761176, *fightingcocksarnside.co.uk*

32. Lancaster: die bescheidene königliche Stadt

Seit über 600 Jahren tragen englische Monarchen den Titel „Herzog von Lancaster". Die gleichnamige 52.000-Einwohner Stadt blickt auf eine noch längere Geschichte zurück, denn sie wurde als römisches Kastell gegründet, florierte im Mittelalter und durch den späteren Überseehandel, wurde von den schlimmeren Folgen der Industriellen Revolution verschont und präsentiert sich heute als lebhafte Universitätsstadt.

Blick auf die Burg und Abteikirche

In beherrschender Lage nahe dem Fluss Lune steht die mittelalterliche Burg. Sie befindet sich immer noch im königlichen Besitz, diente bis 2011 als Gefängnis und wird zur Zeit restauriert. Von der Stadtmitte kommend sieht man das hoch aufragende Torhaus aus dem frühen 15. Jahrhundert. Der älteste Teil der Anlage ist der Bergfried aus dem 12. Jahrhundert. Beeindruckend im Inneren ist die Shire Hall (1802), ein zehneckiger Gerichts- und Versammlungssaal, den 600 heraldische Wappen schmücken. Bei einer Führung erleben Besucher dunkle Kapitel der Burggeschichte wie die Hexenverfolgung vor 400 Jahren und die Schicksale der hier Inhaftierten. Gegenüber der Burg lohnt sich ein Blick in die Priory Church, einst Abtei-, heute Pfarrkirche. Das Chorgestühl (um 1345) weist schöne Holzschnitzarbeiten auf. Steinfragmente wie das Taufbecken aus der Zeit vor der normannischen Eroberung Englands 1066 zeugen von der langen Stadtgeschichte. Am Burghügel stand das römische Kastell. Sichtbare Reste aus dieser Zeit sind das Badehaus unterhalb der Kirche und zahlreiche römische Artefakte im City Museum am Marktplatz.

Ein kurzer Spaziergang am River Lune führt zum sehr gelungenen Maritime Museum im alten Zollhaus am Kai und in Lagerhäusern aus dem 18. Jahrhundert. Die Ausstellungen widmen sich vor allem der Seefahrt und der Fischerei. Tabak, Zucker, Baumwolle und die Sklaverei sind hier die Themen, denn Lancaster war im 17. und 18. Jahrhundert ein wichtiger Hafen im Handel mit Afrika und der Karibik. Spannend ist die Abteilung „Crossing the Sands" über die gefährliche Meeresbucht Morecambe Bay (siehe Tipps 31 und 33).

Die kompakte Stadtmitte mit Geschäften und Cafés um den Market Square kann man verkehrsfrei erkunden. Am schönsten Stadtplatz, dem Dalton Square, stehen Häuser aus Stein um ein pompöses Denkmal für Königin Victoria im Schatten des Rathauses. Reizvoll ist ein Spaziergang am Lancaster Canal. Östlich des Rathauses erreicht man über die George Street und Quarry Road den baumbestandenen Treidelpfad, wo eine ehemalige Baumwollfabrik zu einem Pub, The White Cross, umgebaut wurde. Von hier aus geht man ca. drei Kilometer in nördlicher Richtung zum 200 Meter langen Aquädukt aus dem Jahr 1797, der den Kanal über den 16 Meter tiefer liegenden River Lune führt. Am Flussufer geht es in die Stadtmitte zurück (zwei Kilometer).

Blick zum Ashton Memorial in der Ferne

Enge Straßen in der Altstadt von Lancaster

Aussichtsturm im Williamson Park

Westlich der Stadtmitte liegt im Williamson Park eine berühmte „Folly", d. h. ein nutzloses Bauwerk: das Ashton Memorial ließ der gleichnamige Lord zum Andenken an seine verstorbene Ehefrau 1909 im neubarocken Stil errichten. Mit seiner hohen Kuppel ist das Bauwerk weithin sichtbar und bietet einen grandiosen Ausblick über die Stadt und zum Meer.

INFO

Lage: Lancaster liegt etwa acht Kilometer östlich von Morecambe, nahe der Nord-Süd-Autobahn M6

Information:

- Tourist Information Center: Meeting House Lane, Tel. +44 1524 582394, *visitlancaster.org.uk*

Aktivitäten:

- Lancaster Castle: mit Führungen; Lancaster Castle, Castle Parade, Lancaster LA1 1YN, Tel. +44 1524 64998, *lancastercastle.com*
- City Museum: Market Square, Lancaster LA1 1HT, *lancaster.gov.uk/sport-and-leisure/museums/city-museum*
- Maritime Museum: Custom House, St George's Quay, Lancaster LA1 1RB, *visitlancaster.org.uk/museums/maritime-museum*

Einkehren:

- The Water Witch: Pub in umgebauten Stallungen am Kanalufer nahe King Street; The Canal Tow Path, Aldcliffe Road, Lancaster LA1 1SU, Tel. +44 1524 63828, *waterwitchlancaster.co.uk*
- The White Cross: am Kanal mit Außenterrasse; Quarry Road, Lancaster LA1 4XT, Tel. +44 1524 33999, *thewhitecross.co.uk*

Übernachten:

- The Sun Hotel: 16 Zimmer mit Pub und Restaurant in einem alten Haus in Burgnähe; 63-65 Church Street, Lancaster LA1 1ET, Tel. +44 1524 66006, *thesunhotelandbar.co.uk*

33. Morecambe Bay, der Süden: mystische Orte am Wattenmeer

Die Schönheit der Meeresbucht Morecambe Bay lassen die meisten Reisenden links liegen – sie fahren direkt zum Nationalpark Lake District und verpassen unterwegs Orte mit einer besonderen Atmosphäre: den verlassenen Handelshafen Sunderland Point und die Landzunge Heysham Head mit frühchristlichen Felsgräbern und einem bezaubernden Blick auf Meer und Berge.

Die Bucht ist mit einer Ausdehnung von 300 Quadratkilometern das größte Wattgebiet Großbritanniens. Die zeitweise mehr als zehn Kilometer breite Fläche, die bei Ebbe freigelegt wird – der Tidenhub beträgt üblicherweise acht Meter – ist eine international bedeutende Heimat für Küstenvögel wie Brandgänse, Austernfischer und Brachvögel. Reichliche Nahrung finden nicht nur Vögel, sondern auch alle Menschen, die Herz- und Miesmuscheln oder Garnelen lieben. Vier größere Flüsse münden in die Bucht, Schilf, Salzwiesen und Sand- oder Steinstrände säumen die Ufer.

Die Häuser entstanden, als Sunderland Point ein blühender Handelshafen war.

Der Lune mündet in das Wattenmeer am abgelegenen Ort Sunderland Point am Ende einer Landspitze. Dorthin windet sich eine enge, zweimal täglich überschwemmte Straße zwischen schlammigen Wasserläufen, denn „Sunderland" bezeichnet das Land, das die Gezeiten vom Festland „absondern". Im frühen 18. Jahrhundert baute hier ein Unternehmer, der Quäker Robert Lawson, einen Kai und Hafengebäude für den Atlantikhandel in Tabak, Zucker und Sklaven. Zwei Häuserreihen, First Terrace und Second Terrace, blieben aus dieser Zeit. Was einmal ein Zollhaus oder eine Brauerei war, dient heute als Wohnhaus. Die größere Residenz mit dem Namen Old Hall am südlichen Ende der Uferstraße stammt aus dem späten 17. Jahrhundert.

Bei Flut ist die Straße nach Sunderland Point unpassierbar.

Lawson ging bankrott, neue Hafenanlagen an der Ostseite der Mündung und in der Stadt Lancaster übernahmen den Fernhandel. An die kurze Blütezeit von Sunderland Point erinnert ein einsames Grab an der Westseite der Landzunge. Zwischen First Terrace und Second Terrace führt ein Weg, The Lane, ins Grüne. Nach 400 Metern ist der westliche Damm erreicht. Mit einem bei Ebbe endlosen Blick auf Sand und Salzwiesen, wo auch Kühe grasen, geht es nach links zu „Sambo's Grave", dem Grab eines jungen Schwarzen, den ein Kaufmann als Sklaven oder Diener aus der Karibik mitbrachte. Sambo starb 1736 in der alten Brauerei an der Ecke First Terrace/The Lane – aus Kummer, heißt es, weil sein Herr ihn zurückgelassen und sich nach Lancaster für seine Geschäfte begeben hat, einer anderen Überlieferung zufolge an Krankheit. Als „Heidenkind" wurde er nicht in geweihter Erde, sondern am Meeresufer, fern aller Häuser, bestattet. Blumen und von Kindern bemalte Steine schmücken das Grab. Verse auf einer Tafel aus den 1790er-Jahren nennen den Verstorbenen „armer Sambo, ein treuer Neger", vermerken aber auch, dass er hier bis zum Jüngsten Tag schläft, wenn „der Große Richter sein Urteil nicht auf Hautfarbe, sondern auf Herzensgüte gründet." Unweit davon errichtete der Künstler Chris Drury das Werk „Horizon Line Chamber", eine steinerne Hütte mit Fenster zum Horizont in der Art einer Camera obscura.

Das Grab des schwarzen Sklaven Sambo

St Peter's Church in Heysham, Kirchhof mit Meerblick

Einige Kilometer nördlich von Sunderland Point legen Fähren von der Insel Man und Nordirland im Hafen von Heysham an. Zwei Kilometer weiter liegen der alte Dorfkern und ein felsiger Vorsprung, Heysham Head. Auf dem Weg zu den Felsen passiert man an der Main Street eine heilige Quelle, St Patrick's Well, und die St Peter's Church. Die geduckte Kirche aus grob behauenem Naturstein ist wahrscheinlich eine Gründung des 8. Jahrhunderts. Sie wurde vielfach geändert, enthält aber noch Mauerwerk aus dem 1. Jahrtausend n. Chr. Das seltene Exemplar eines gekrümmten, mit Mustern verzierten Grabsteins aus der Wikinger-Zeit (um 950) befindet sich nicht mehr in der Kirche, sondern im Maritime Museum in Lancaster. Dafür sieht man auf dem zum Meer abfallenden Kirchhof Grabkreuze aus neuerer Zeit. Sie stehen auf grünem Rasen mit einem Blick über die Bucht zu den fernen Bergen des Nationalparks Lake District.

Die Gräber wurden aus den Felsen gehauen.

Wenige Schritte weiter erreicht man die Ruine der St Patrick's Chapel in atemberaubender Lage. Der aus Nordwestengland stammende Patrick, Nationalheilige der Iren, wurde im Alter von 16 Jahren von Piraten nach Irland verschleppt. Er entkam, erreichte englischen Boden wieder (vielleicht in Heysham?), kehrte später nach Irland zurück und missionierte dort im 5. Jahrhundert. Die Kapelle stammt wahrscheinlich aus dem 8. Jahrhundert. Davor sind sechs aus dem Felsboden gehauene Gräber zu sehen. Historiker meinen, es handelt sich um die Grablegen von Personen, die in frühchristlicher Zeit als Heilige verehrt wurden. Dazu gehörten wohl einst steinerne Deckel. (Freunde von Heavy Metal werden hier nicht an St Patrick, sondern an Ozzie Osbourne denken, denn ein Bild der Gräberreihe zierte das Cover des Albums „Best of Black Sabbath".) Auf Heysham Head spaziert man in frischer Luft mit Panoramen zum offenen Meer und zu den Bergen des Lake District National Park. Der Blick nach Süden zum Hafen Heysham ist weniger erbaulich: Die großen Bauten dort gehören zu einem Atomkraftwerk.

INFO

Lage:

- Sunderland Point LA3 3HS. Keine öffentlichen Verkehrsmittel nach Sunderland Point. Ab Overton 2,5 Kilometer zu Fuß. Sorgen Sie dafür, dass Sie nicht bei Flut am Sunderland Point oder dorthin unterwegs sind! *tide-forecast.com/locations/Morecambe/tides/latest*
- Heysham LA3 2RN

Websites:

- *visitlancashire.com*
- *morecambebay.org.uk*

Übernachten/Einkehren: Zahlreiche Hotels und B&Bs in den benachbarten Städten Lancaster und Morecambe.

- Sunderland Point: hier gibt es weder Geschäfte noch ein Pub oder Café
- Heysham: Es gibt einige kleine Cafés im hübsch-altmodischen Dorf.
- The Royal Heysham: traditionelle Herberge mit Gästezimmern und Restaurant; Main Street, Heysham, Morecambe LA3 2RN, Tel.+44 1524 859298, *theroyalheysham.co.uk*

34. Ribble Valley: Wandern und Gastronomie

Der „Pub Walk", eine nicht allzu anstrengende Wanderung mit Einkehr in einer gemütlichen Herberge, ist eine bewährte englische Institution. Dafür gibt es keine bessere Gegend als das Ribble-Tal. In reizender Wanderlandschaft findet sich hier eine Vielzahl hübscher Dörfer und Pubs, die ausgezeichnete Küche und Übernachtungen in altem Gemäuer bieten.

Zusammenfluss des Ribble und des Hodder

Der River Ribble entspringt im kargen Hochmoor des Pennine-Gebirges und mündet bei der Stadt Preston in die Irische See. Der lieblich-grüne Abschnitt ist das mittlere Tal um die Stadt Clitheroe. Hier schlängeln sich der Ribble und Nebenflüsse wie der Hodder durch Wald und Wiesen. Wer vom Westen her anreist, kann in Ribchester direkt in die Geschichte eintauchen. Hier befand sich vom 1. bis zum 4. Jahrhundert ein römisches Fort. Reste sind noch zu sehen, Grabungsfunde sind in einem kleinen Museum ausgestellt. Die Kirche, vermutlich eine Gründung des hl. Wilfrid im 8. Jahrhundert, steht in der Mitte des Forts.

Sechs Kilometer von Ribchester entfernt nahe Hurst Green befindet sich die berühmte Privatschule Stoneyhurst. J.R.R. Tolkien („Herr der Ringe") schickte seinen Sohn auf diese Schule und nahm die Gegend als Inspiration für sein „Auenland". Reizvoll ist der neun Kilometer lange „Tolkien Trail", streckenweise an den Ufern des Hodder und Ribble (an Sommerwochenenden nicht ganz einsam). Eine Fahrt ins nördliche Hodder-Tal führt zu den attraktiven Dörfern Whitewell und Dunsop Bridge im schönen Forest of Bowland, der sich teilweise im Besitz der Krone befindet. Hier wird das Terrain bergiger und ab Dunsop Bridge führt eine Straße durch wilde Landschaft nach Lancaster und zur Küste.

Brücke über den Fluss Hodder bei Great Mitton

Zurück am River Ribble geht es ins Dorf Mitton, wo die Herberge Aspinall Arms am Flussufer mit Blick auf eine mittelalterliche Kirche liegt. Vom Süden mündet der River Calder in den Ribble. Nur drei Kilometer entfernt am Calder steht die Kleinstadt Whalley mit pittoresken Ruinen eines Zisterzienserklosters. Nicht weit entfernt sind weitere Bilderbuchdörfer: Wiswell und Pendleton, wo ein Bach durch die Mitte der Hauptstraße fließt.

In Pendleton fließt ein Bach in der Mitte der Hauptstraße.

Der mit 17.000 Einwohnern größte Ort der Gegend ist Clitheroe. Von der Burg aus dem 12. Jahrhundert blickt man hinab auf eine schöne

Die Hauptstraße von Clitheroe, von der Burg aus gesehen

Hauptstraße mit interessanten Geschäften (berühmt ist Cowman's Würstchenladen – 75 Sorten!), die umliegende Parklandschaft und das Ribble-Tal, in östlicher Richtung hinüber zum Pendle Hill (siehe Tipp 35). Noch ein wenig weiter talaufwärts lohnt sich ein Aufenthalt in Sawley. Bekannt ist das Dörfchen für die am Flussufer wunderbar gelegene Herberge The Spread Eagle und für Klosterruinen.

INFO

Lage: Das Ribble Valley liegt etwa 32 Kilometer südöstlich von Lancaster.

Websites: *visitlancashire.com*

Aktivitäten:

- Wanderungen: *visitribblevalley.co.uk/walking* (dort auch „Walks with Taste")
- Tolkien Trail: ein Blatt mit Beschreibung liegt im Shire Arms aus, sonst unter *visitlancashire.com/things-to-do/the-tolkien-trail-in-the-footsteps-of-j-r-r-tolkien-p583810*
- Ribchester Roman Museum: *ribchesterromanmuseum.org*
- Clitheroe Castle: *lancashire.gov.uk/leisure-and-culture/museums/clitheroe-castle-museum*

Einkehren/Übernachten:

- Einblick in die Küche der Region: *ribblevalleyfoodheaven.com*
- Holmes Mill: Zum Komplex gehören eine Mikrobrauerei mit Kneipe, ein Restaurant, Lebensmittelmarkt und das 1823 Spinning Block Hotel; Greenacre Street, Clitheroe BB7 1EB, Tel. +44 1200 407120, *holmesmill.co.uk*
- The Shireburn Arms: Whalley Road, Hurst Green BB7 9QJ, Tel. + 44 1254 826 678, *shireburnarmshotel.co.uk*
- The Inn at Whitewell: Whitewell BB7 3AT, Tel. +44 1200 448 222, *innatwhitewell.com*
- The Freemasons: 8 Vicarage Fold, Wiswell BB7 9DF, Tel. +44 1254 822218, *freemasonsatwiswell.com*
- The Spread Eagle: Sawley BB7 4NH, Tel. +44 1200 441202, *spreadeaglesawley.co.uk*

35. Downham und Pendle Hill: Dorfidylle unter dem Hexenberg

Downham scheint aus der Zeit gefallen zu sein. In erhöhter Lage stehen Kirche, Kneipe und Herrensitz. Von dort führt die Straße hinunter zu steinernen Häuschen am Dorfanger und einem Bach. Die Landschaft rundum ist hinreißend lieblich – bis auf den düster wirkenden Berg Pendle Hill im Süden.

Filmregisseure schätzen das 150-Seelen-Dorf besonders, weil es dort weder Fernsehantennen noch Satellitenschüsseln, weder sichtbare Telefonleitungen noch Straßenmarkierungen gibt. Der Grundbesitzer Ralph Assheton, 2. Baron Clitheroe, dessen Vorfahren das Dorf im Jahre 1558 erwarben, ist dagegen. Auf einen Busfahrplan neben der Telefonzelle ließ er sich ein, auf ein Schild für die Haltestelle aber nicht. Der Baron, Jahrgang 1929, wohnt in der Downham Hall, die 1835 an der Stelle älterer Adelssitze gebaut wurde. Die benachbarte neugotische Pfarrkirche erfuhr im Laufe von wohl tausend Jahren mehrmals einen kompletten Umbau, zuletzt 1910, besitzt jedoch einen Turm aus dem 15. Jahrhundert. Die Herberge gegenüber, die früher nach dem Nationalheiligen The George and Dragon hieß, wurde zum Assheton Arms umgetauft, als Ralph Asshetons Vater in den Adelsstand als 1. Baron erhoben wurde.

In der Dorfmitte von Downham

Der Weg zum Gipfel führt über baumloses Hochmoor.

Auch unterhalb der Kirche herrscht feudale Ordnung. 32 Häuser in Downham gehören zum Gut, sodass der Grundbesitzer entscheiden kann, wer hier wohnt. Auf eine ausgewogene Altersstruktur wird Wert gelegt. Das älteste Haus stammt aus dem Jahr 1580. Das größte ist das einstige Haus des Dorfvorstehers, die Old Well Hall auf der Main Street, aus der Zeit um 1625. Dorfladen und Post bestehen leider nicht mehr, aber ein Eissalon mit Imbissangebot am Anger begrüßt Ausflügler im Sommer. Reisebusse mit mehr als 30 Plätzen sind nicht willkommen und sowieso zu groß für den diskret versteckten Parkplatz. Dort steht auch der steinerne, zur öffentlichen Toilette umfunktionierte ehemalige Schweinestall.

Blick nach Süden vom Gipfel des Pendle Hill

Der Hexenberg Pendle hat eine düstere Ausstrahlung.

Noch mit über 90 Jahren stieg der alte Baron auf den 557 Meter hohen Pendle Hill, dessen kahle Hänge beinahe von jeder Stelle im Dorf sichtbar sind. Er gehört zum Pennine-Gebirge, ist aber mit den anderen Erhebungen nicht verbunden und wirkt durch die Lage als Solitär recht eindrucksvoll. Der Hügel mit großartigem Rundumblick ist bei Wanderern und Freunden des Gruselns gleichermaßen beliebt. 1612 fanden die berühmtesten Hexenprozesse der englischen Geschichte statt. Elf „Pendle witches" aus dieser Gegend kamen in der Burg von Lancaster vor Gericht, zehn fanden den Tod durch den Strang. Weil sie am düsteren Hügel noch herumgeistern sollen, erlebt Pendle Hill zu Halloween immer Besucherandrang.

Die Landschaft im Tal um Downham ist ausgesprochen lieblich.

Der Aufstieg zum Pendle Hill: von der steinernen Brücke in der Dorfmitte folgt man dem Bach stromaufwärts am rechten Ufer. Am Ende der Straße geht es weiter nach Wegweisern über Wiesen, der Bach immer links, durch mehrere Tore und über Zauntritte, dann unter Bäumen zu einem Weg, der auf einen Bauernhof zu führt. Man überquert ihn, geht aufwärts am Rande der Wiese und über zwei steinerne Mauertritte zu einer einsamen Scheune. Dahinter in einer kleinen Schlucht hält man sich rechts und erreicht eine Straße. Ab hier blickt man direkt auf den Pendle Hill. Der deutliche Pfad führt steil zum Gipfel hinauf. Wer sanfter aufsteigen will, fährt zum Dorf Barley auf der Ostseite des Pendle Hill.

Blick auf Downham vom Pendle Hill

INFO

Lage: Dorfparkplatz Downham BB7 4BN

Websites: *downhamvillage.org.uk*

Aktivitäten:

- Pendle Hill: *visitnorthwest.com/walk/pendle-hill*

Einkehren/Übernachten:

- The Assheton Arms: Herberge der guten Mittelklasse mit Gästezimmern, Pub, Speisen auf der Terrasse mit Blick auf Dorf und Pendle Hill; Top Row, Downham BB7 4BJ, Tel. +44 1200 439699, *theasshetonarms.com*

Liverpool, Manchester und Umgebung

Strand an der Irischen See bei Southport

Liverpool, Manchester und Umgebung

36. Die Sefton-Küste: Dünen, Sand und Himmel, soweit das Auge reicht
37. Crosby: hundert eiserne Figuren schauen auf das Meer
38. Liverpool: ein Spaziergang zu vergangener Pracht
39. Port Sunlight: das Musterdorf eines Industriellen
40. Hilbre Island: Wattwanderung zu einer Insel
41. Manchester: die erste Industriestadt der Welt

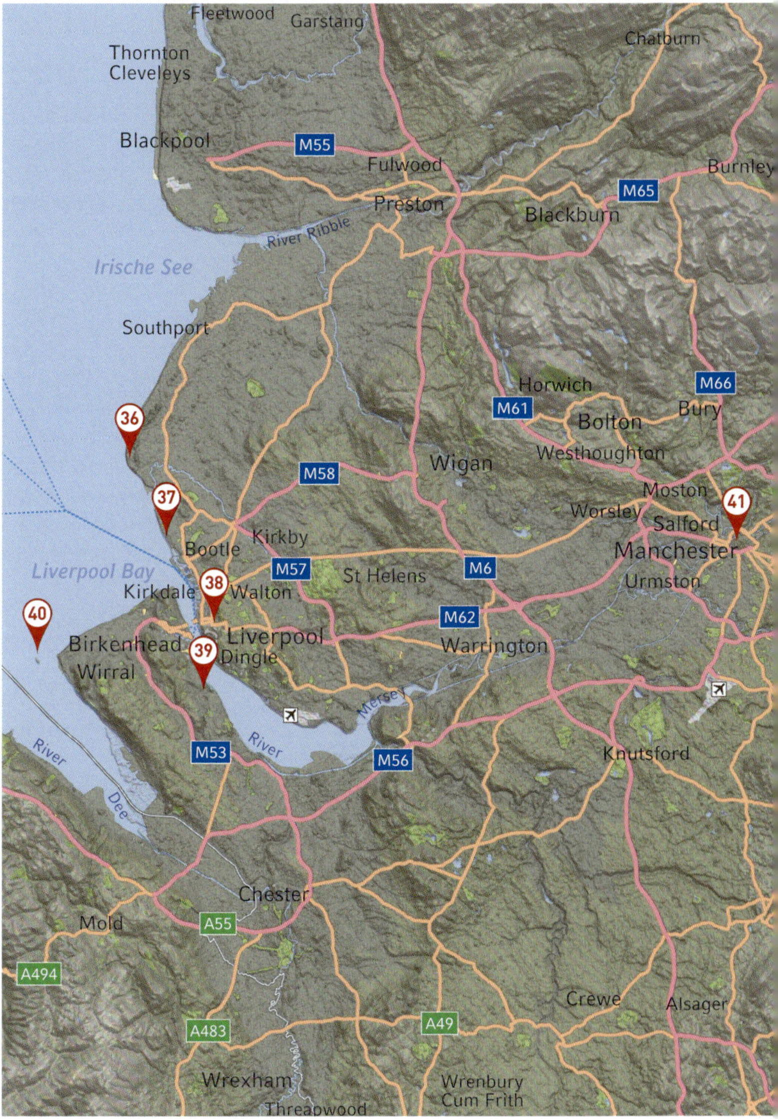
Fleetwood
Garstang
Thornton
Cleveleys
Chatburn
Blackpool
M55
Fulwood
Burnley
M65
Preston
Blackburn
River Ribble
Irische See
Southport
Horwich
M66
M61
Bury
36
Bolton
Westhoughton
Wigan
M58
Moston
37
41
Worsley
Salford
Kirkby
Bootle
Manchester
M57
M6
Liverpool Bay
St Helens
Urmston
38
Kirkdale
Walton
40
M62
Liverpool
Birkenhead
Warrington
39
Dingle
Wirral
Mersey
River
River
Knutsford
M53
M56
Dee
Chester
Mold
A55
A494
Crewe
Alsager
A483
A49
Wrexham
Wrenbury
Cum Frith
Threapwood

36. DIE SEFTON-KÜSTE: DÜNEN, SAND UND HIMMEL, SOWEIT DAS AUGE REICHT

An der Irischen See nördlich von Liverpool kann man an Wochentagen – stellenweise auch am Wochenende – einsam an Sandstränden und durch Dünenlandschaft wandern. Die Geräusche von Wind, Wellen und Möwen prägen eine sich ständig verändernde Küste.

Der Bezirk Sefton erstreckt sich von den Vororten Liverpools nördlich bis zum Badeort Southport. Die Flachküste besitzt das größte zusammenhängende Dünengebiet Großbritanniens und ist ein Paradies für Sportler, Muschelsucher, Sandburgbauer, Blumen- und Vogelfreunde. Bei Ebbe ist der Strand stellenweise mehrere hundert Meter breit. Seevögel bevölkern Sandbänke und Priele. In den vorderen, beweglichen Dünen wachsen Büschel von Strandhafer und -roggen. Die stabilen Dünen dahinter weisen eine reichhaltige Flora auf. In Feuchtgebieten gedeihen Sumpf-Herzblatt und die Sumpf-Stendelwurz, eine Orchideenart. Die gefährdete Kreuzkröte wird man dagegen selten zu Gesicht bekommen.

Vom Parkplatz am Ende der Lifeboat Road in der Kleinstadt Formby führt ein Spaziergang ca. einen Kilometer südlich zum Naturschutzgebiet Cabin Hill. Wer stattdessen die nördliche Richtung einschlägt, passiert einen vier Kilometer langen Abschnitt, der Archäologen fasziniert. Der westliche Küstenzipfel, Formby Point, ist starker Küstenerosion ausgesetzt. Immer wieder legen die Wellen 5000 Jahre alte Fußabdrücke von Menschen, Elchen, Wildschweinen und Auerochsen frei. Hier hinterließen Jäger

Am neu entstandenen „grünen Strand" von Birkdale

Die Küste von Sefton besitzt das größte zusammenhängende Dünengebiet Englands.

einst Spuren im Schlamm der Salzsümpfe. Nach Stürmen werden die Abdrücke heute wieder sichtbar, meist etwa 100 Meter westlich des Dünenrands. Forscher konnten Abdrücke ganzer Familiengruppen identifizieren und feststellen, ob sie als Sammler langsam gingen oder bei der Jagd schnell liefen.

Ein weiterer Parkplatz an der Victoria Road in Formby ist am Wochenende schon mal überfüllt, wenn Familien die Eichhörnchenkolonie im Wald besichtigen. Wer von hier aus in nördlicher Richtung am Strand wandert, erlebt einen besonders schönen, oft menschenleeren Abschnitt bis zum Ort Ainsdale. Dort dürfen Autos auf dem festen Sandboden parken und die ständige Brise bietet beste Bedingungen zum Kitesurfen und Drachenfliegen. Trampelpfade führen durch die Dünen zum Ainsdale National Nature Reserve. In diesem Naturschutzgebiet wurden mehr als 450 verschiedene Pflanzenarten gefunden. Das Gelände aus sandigen Dünen, Tümpeln und älteren überwachsenen Dünen im Hinterland erstreckt sich über 990 Hektar und ist durch markierte Pfade erschlossen.

Noch weiter nördlich wird es wieder einsam. Zwischen Ainsdale und dem nächsten Strandzugang in Birkdale entstand seit den 1990er-Jahren der „green beach“ auf Boden, der früher eine reine Sandfläche war. Hier wächst das Land auf Kosten des Meeres: angewehter Sand bildete einen niedrigen Dünenkamm, dahinter staut sich Wasser zu einem neuen, mit Schilf und Erlen bewachsenen Feuchtgebiet. Bei Ebbe zieht sich das Meer weit zurück. Vom Strandzugang an der Weld Road erreicht man den Bahnhof Birkdale. Neben dem Kreisverkehr sieht man ein merkwürdigen Fuhrpark aus umgebauten Traktoren samt Anhängern, mit denen die Garnelenfischer ins Meer fahren – die kleinen braunen Shrimps dieser Gegend sind eine begehrte Köstlichkeit.

Kormorane und viele andere Vogelarten sind an dieser Küste zu finden.

In Ainsdale haben Kitesurfer beste Bedingungen.

INFO

Lage: Lifeboat Road, Formby L37 2DD; Shore Road, Ainsdale PR8 2PZ

Websites: *seftoncoast.org.uk/visit.html*

Aktivitäten:

- Eine Fahrrad-Fernstrecke führt von Southport über Liverpool quer durch das Land zur Nordsee, *transpenninetrail.org.uk*

Hinweise:

- Die Strände sind eher zum Kitesurfen und Drachenfliegen als zum Schwimmen geeignet.
- Über den flachen Sand kommt die Flut zuweilen mit Schrittgeschwindigkeit – Unvorsichtige können nasse Füße bekommen, sind aber kaum in Lebensgefahr. Außer bei Sturmflut bleibt immer ein Korridor für Spaziergänger zwischen Wellen und Dünen.

Einkehren: Verpflegung mitnehmen! Der Charme dieser Küste besteht ja im Fehlen touristischer Infrastruktur. An den Parkplätzen und am Sandstrand von Ainsdale findet sich höchstens ein Wagen mit Softeis-Verkauf.

Übernachten: Ein breites Angebot besteht in Southport, *visitsouthport.com*, und Liverpool, *visitliverpool.com*.

37. Crosby: Hundert eiserne Figuren schauen auf das Meer

Ein Sandstrand mit Blick auf die Mündung des River Mersey und auf die Irische See ist die Kulisse für eine Aufsehen erregende Kunstinstallation, die zu einem Bummel entlang der Küste einlädt.

Antony Gormley schuf 100 Abgüsse seines eigenen Körpers.

Die Stadt Crosby liegt neun Kilometer nördlich der Stadtmitte von Liverpool und schließt unmittelbar an das Hafengebiet. Bis hierhin erheben sich Kräne über Hafenbecken, aber bei Crosby beginnt ein 25 Kilometer langer Sandstrand, der sich nördlich bis zum Badeort Southport erstreckt. Wer hier spaziert, hat einen Blick auf die nach Irland auslaufenden Fähren sowie auf Frachtschiffe, die den Hafen von Liverpool ansteuern. Auf der anderen Seite der breiten Mündung sieht man die Halbinsel Wirral, Windräder im Meer und bei guter Sicht weiter westlich die Küste und Berge von Wales.

Bei dieser Aussicht fühlt man sich nie allein, denn 100 lebensgroße gusseiserne Figuren schauen mit auf das Meer hinaus. Es handelt sich um eine Installation des Bildhauers Antony Gormley mit dem Titel „Another Place" („Ein anderer Ort"). Die 1,89 Meter großen, 650 Kilo schweren Figuren sind Abgüsse von Gormleys eigenem Körper. Sie verteilen sich über einen drei Kilometer langen Strandabschnitt. Manche sind nahe an der Strandpromenade und bleiben auch bei Flut sichtbar, andere stehen einige hundert Meter davon entfernt und tauchen nur bei Ebbe auf. Der Tidenhub von fünf bis acht Metern am flachen Strand bewirkt ständige Veränderung. Bei Ebbe spazieren Neugierige weit hinaus und begutachten die Wirkung von Wind, Wellen und Salzwasser an den eisernen Männern. Manche sinken in den Sand hinein, andere werden von Seepocken befallen. Gelegentlich erhalten sie Kleidungsstücke oder Verzierung durch Graffitisprayer.

Seepocken und Algen bevölkern die gusseisernen Flächen.

Der Künstler Gormley beschäftigt sich mit der Beziehung des menschlichen Körpers zur Umwelt. Ein berühmtes Werk von ihm steht in Nordostengland südlich von Newcastle-upon-Tyne: „The Angel of the North", eine 20 Meter hohe menschliche Figur mit 54 Meter breiten Flügeln. Abgüsse seines Körpers platzierte Gormley auch im Vorarlberg: 100 Figuren, weit über die Berge gestreut, alle auf genau 2039 Meter Höhe. „Another Place" wurde zuerst am Strand von Cuxhaven installiert, später in Stavanger (Norwegen) und De Panne (Belgien), bis das Werk 2005 einen permanenten Platz in Crosby fand.

Durch Witterung entwickeln sich 100 identische Figuren zu unterschiedlichen Kunstwerken.

Durch Bomben des Zweiten Weltkriegs entstandene Trümmer wurden zur Küstenbefestigung ans Meerufer gekippt ...

Lohnend ist ein Spaziergang am Strand von Crosby nördlich zur Station der Küstenwache bei Hall Road West und ca. drei Kilometer weiter bis zur Mündung des River Alt. Unterwegs sieht man zufällige „Skulpturen", die das Meer ohne Künstlerhand formte. Bauschutt von im Zweiten Weltkrieg beschädigten Gebäuden aus Liverpool wurde zwecks Küstenschutz hier deponiert. Die Wellen haben das Mauerwerk aus Ziegelstein geschliffen und abgerundet, Algen haben Fragmente klassizistischer Architektur mit einem grünen Teppich überzogen.

... und werden von Wind, Wellen und Algen neu gestaltet.

INFO

Lage: Crosby liegt neun Kilometer nördlich der Stadtmitte von Liverpool, 15 Minuten mit der Bahn ab Central Station.

Websites:

- *seftoncoast.org.uk/visit.html*
- *visitliverpool.com*

Hinweis: Achtung: stellenweise ist der Sand weich! Wenn man sich weit von der Uferstraße entfernt, ist Vorsicht geboten.

Einkehren:

- Lakeside Bar & Bistro: Esplanade – am See am südlichen Strandabschnitt

38. LIVERPOOL: EIN SPAZIERGANG ZU VERGANGENER PRACHT

Die üblichen Besucherziele in Liverpool sind die Hafenbauten am River Mersey, die Beatles-Stätten und die beiden Kathedralen. Dieser Spaziergang hier zeigt zur Abwechslung beeindruckende Architektur des 19. und frühen 20. Jahrhunderts im Handelsviertel.

Das Denkmal erinnert an die Luftangriffe auf Liverpool im Zweiten Weltkrieg.

Zur Blütezeit des British Empire rangierte Liverpool unter den bedeutendsten Hafenstädten der Welt und war Anlaufstelle luxuriöser Passagierdampfer auf der Route nach New York. Viele Zeugnisse dieser Epoche bleiben bis heute. Ausgangspunkt am Mersey-Ufer ist das Port of Liverpool Building (Hafenamt), an der großen Hauptkuppel und vier Eckkuppeln leicht zu erkennen. Dahinter, das heißt auf der dem Fluss abgewandten Seite, steht ein hoher Bau mit fensterlosem Turm. Es handelt sich um den Lüftungsturm des Mersey-Tunnels. Der elegante grüne Kiosk davor im Art-déco-Stil war einst die Mautstation für den Tunnel.

Wir überqueren die mehrspurige Straße und gehen links, dann rechts an den Tower Buildings vorbei hinauf in die Water Street. Ein Abstecher nach links über die Tower Gardens führt zur Kirche St Nicholas. Sie geht auf eine Kapelle des 13. Jahrhundert zurück und wurde 1952 nach Kriegszerstörung mit Holz- und Steinmetzarbeiten rekonstruiert. Ein Monument im Kirchhof mit Mutter und Sohn erinnert an den Bombenkrieg. Zurück auf der Water Street steht linker Hand ein Bauwerk, das frühe Wolkenkratzer in den USA beeinflusste: die Oriel Chambers (1864), das erste Haus der Welt mit metallgerahmter Glasfassade. Direkt gegenüber erheben sich die mächtigen India Buildings, 1930 als Verwaltung einer Reederei fertiggestellt. Ein Blick in die prächtige Mittelpassage ist ein Muss!

Wieder auf der linken Seite der Water Street passieren wir die Martin's Bank mit imposanten Bronzetüren und erreichen die Town Hall (Rathaus). Sie stammt aus dem Jahr 1754, die Kuppel kam 1802 hinzu. Wer den Pförtner nach dem Ratssilber fragt („May I look at the city silver?"), sieht eine Vitrinenwand mit zeremoniellen Schwertern, Schalen und Schiffsmodellen, kann die Fliesen und den Kamin der Eingangshalle bewundern und zur Kuppel hinaufschauen. Auf dem Platz hinter dem Rathaus blickt Admiral Nelson von seinem pompösen Denkmal hinunter.

Einst Versicherungszentrale, heute ein Hotel

Die Verlängerung der Water Street heißt Dale Street. Das neubarocke Haus mit Turm und Figurenschmuck rechts (Ecke North John Street) ließ ein Versicherungskonzern 1893 errichten. Weil es heute ein Hotel beherbergt, kann man einen Eindruck des teuer gestalteten Interieur erhaschen. Weiter auf der Dale Street stehen rechts die Municipal Buildings mit dem Pyramidenturm. Direkt davor geht es rechts in die Sir Thomas Street und wieder rechts in die Victoria Street. Hinter der mit Skulpturen geschmückten Fassade der ehemaligen Hauptpost verbirgt sich das Einkaufszentrum Met Quarter. An der Westseite (Stanley Street) bezieht sich die Plastik „Eleanor Rigby" auf das gleichnamige Beatles-Lied.

Cook Street, die Verlängerung der Victoria Street, führt weiter zur Castle Street. An der Ecke zur Brunswick Street zeigen die Bronzetüren des ehemaligen Hauses der Adelphi Bank Darstellungen berühmter Männerduos: David und Jonathan, Castor und Pollux. Das riesige Denkmal am südlichen Ende der Straße ehrt Königin Victoria. Hier biegen wir nach rechts in die James Street, passieren weitere Banken und schließen den Spaziergang mit einem Drink auf der Dachterrasse der Carpathia Bar im Hotel 30 James Street, einst Hauptverwaltung der White Star Line, Reederei der „Titanic".

Das Rathaus von Liverpool

Von der Carpathia Bar im Hotel 30 James Street blickt man auf die nördlichen Hafenanlagen.

INFO

Lage: Das Handelsviertel liegt in der nördlichen Stadtmitte.

Information:

- Tourist Information Office: im Einkaufszentrum Liverpool ONE, Wall Street, *visitliverpool.com*

Einkehren:

- Mowgli Streetfood: Indische Küche; 3 Water Street, Liverpool L2 0RD, Tel. +44 151 236 6366, *mowglistreetfood.com*

Übernachten:

- Hard Day's Night Hotel: mit Beatles-Thema in den Central Buildings aus dem Jahr 1884; North John Street, Liverpool L2 6RR, Tel. +44 151 236 1964, *harddaysnighthotel.com*

39. Port Sunlight: das Musterdorf eines Industriellen

Auf der Halbinsel Wirral gründete der Seifenfabrikant William Lever eine Siedlung für seine Arbeiter mit schmucken Häusern. Heute stehen dort 900 denkmalgeschützte Häuser mit schönen Gärten rund um ein sehenswertes Kunstmuseum.

William Lever (1851–1925) wurde durch die Herstellung und innovative Vermarktung seiner Seife der Marke „Sunlight" reich. Zur Errichtung einer neuen Fabrik 1888 fiel seine Wahl auf ein Gelände nahe dem Ostufer der Mersey bei Liverpool. Da dem tief religiösen Unternehmer neben seinem eigenen Gewinn auch das Wohl der Belegschaft am Herzen lag, beauftragte er namhafte Architekten mit dem Bau geräumiger Häuser im altenglischen Stil sowie sozialer und kultureller Einrichtungen. Das 1450-Seelen-Dorf blieb bis heute fast unverändert.

Wohnhaus gegenüber der Seifenfabrik

Startpunkt für einen Spaziergang ist der Bahnhof. Wir gehen nach rechts. Gegenüber dem Bowling-Platz fällt ein Haus mit schwarz-weißen Fachwerkgiebeln auf – heute eine Bank, ursprünglich ein Wohnheim für unverheiratete Frauen. Am aufwendigen Stuckfries erkennt man, dass Lever kein knauseriger Bauherr war. 100 Meter weiter befindet sich der Eingangsbau der Seifenfabrik: Lever House, 1895 vollendet im klassizistischen Stil mit Uhr und Staatswappen. Dahinter verstecken sich noch Forschungs- und Produktionsanlagen des Konzerns Unilever. Der Riesenmulti entstand 1930 durch die Fusion der Firma Lever Brothers mit der niederländischen Firma Margarine Unie. 1999 übergab Unilever das gesamte Dorf einer Stiftung, dem Port Sunlight Village Trust.

Neben guter Behausung seiner Arbeiter sorgte Lever für Freizeitangebote.

Wir kehren um und passieren links den ehemaligen Speisesaal für Männer, heute das Gladstone Theatre, das der gleichnamige Premierminister 1891 eröffnete. An der Kreuzung neben den Tea Rooms überqueren wir die Straße zum Park in einem bewaldeten Tal. Hier floss einst ein Bach durch sumpfiges Gelände. Vom Park führt eine steinerne Brücke links in die Bridge Street. Das Bauwerk rechts aus roten Ziegeln mit Uhrturm diente früher als Schule und erläutert heute unter dem Namen „Soapworks" die Herstellung von Seife. Dahinter befindet sich ein weiterer, von Wohnhäusern umgebener Bowling-Platz. Alle Häusergruppen sind verschieden, doch vereint sie der Einfluss der Arts & Crafts-Bewegung, die auf traditionelle Formen, Materialien und Handwerkskunst Wert legte. Immer wieder sieht man Fachwerk (als Zierrat ohne tragende Funktion), Stuckverzierung, Ziegelsteinmauern in unterschiedlichen Farbmustern und mit Blei verglaste Fenster. Schon zur Bauzeit besaß jedes Haus einen Vorder- und Hintergarten sowie ein Badezimmer und war mit drei oder vier Schlafzimmern für damalige Verhältnisse recht geräumig.

Fachwerkverzierung und hohe Kamine kennzeichnen den traditionellen Baustil.

Hinter dem Bowling Green geht es nach rechts in die Bolton Road zum ehemaligen Speisesaal für Frauen, Hulme Hall, mit Schornsteinen aus roten Ziegeln. In diesem Saal trat Ringo Starr 1962 zum ersten Mal mit den Beatles auf. 200 Meter weiter an der Ecke mit der Church Street steht das Bridge Inn. Zur Zeit der Eröffnung wurde hier kein Alkohol ausgeschenkt, denn der Abstinenzler Lever wünschte strenge Sitten in seinem Musterdorf. Nach einer Petition der Arbeiterschaft ließ er aber eine Abstimmung zu. Das Ergebnis: Eine überwältigende Mehrheit war für den Bierausschank.

Die Church Street führt zur Kirche Christ Church im Stil der englischen Gotik. Im offenen Anbau an der Nordseite liegen William Lever und seine Frau Elizabeth in reich verzierten marmornen Gräbern. Gegenüber der Kirche biegen wir nach links in eine breite Allee, The Causeway. Unter Architekturstudenten der Universität Liverpool schrieb Lever ein Wettbewerb für die Vollendung von Port Sunlight aus und erhielt den Vorschlag, die bisher locker gruppierten Wohnhäuschen durch breite Straßen mit axialen Perspektiven zu ergänzen. So blickt man entlang The Causeway auf das imposante Kriegsdenkmal des Jahres 1921. Hier geht es nach rechts in eine zweite Allee mit Grünanlagen. Am Ende steht die Lady Lever Art Gallery. Davor sieht man rechts neben dem Brunnen den ehemaligen Girls' Club, heute das Port Sunlight Museum mit einer anschaulichen Ausstellung über das Leben von William Lever und die Entstehung von Port Sunlight.

Die Grabstätte von William und Elizabeth Lever

Die Lady Lever Art Gallery zeigt Levers erstklassige Kunstsammlung, vor allem englische Malerei und Skulpturen des 18. und 19. Jahrhunderts. Die Künstlergruppe der Präraffaeliten ist gut vertreten – das Bild „Bubbles" (Seifenblasen) von Sir John Everett Millais ist als diskrete Werbung zu sehen –, des weiteren europäische Malerei, Keramik u. a. der Firma Wedgwood und feine Möbel, auch Kunstwerke aus China sowie dem alten Rom und Griechenland. Am Museum zeigt das Leverhulme-Denkmal (1925) worauf es dem Gründer ankam: Die vier Figuren unten symbolisieren Industrie, Bildung, Wohltätigkeit und Kunst, die fünfte oben auf der Säule steht für die Inspiration.

Das Leverhulme-Denkmal vor der Lady Lever Art Gallery

INFO

Lage: Port Sunlight liegt auf der westlichen Seite des Mersey River, mit der Bahn ab Liverpool Central Station erreichbar.

Websites:
- *visitwirral.com*
- *portsunlightvillage.com*

Aktivitäten:
- Port Sunlight Museum: 23 King George's Drive, Bebington, Wirral CH62 5DX, *portsunlightvillage.com/visit-the-village/museum*
- Lady Lever Art Gallery: Bebington, Wirral CH62 5EQ, *liverpoolmuseums.org.uk/lady-lever-art-gallery*

Einkehren:
- The Bridge Inn: einfache Pubküche; Bolton Road, Bebington, Wirral CH62 4UQ
- Cafés: Tea Room gegenüber dem Bahnhof, außerdem Cafés im Museum und in der Art Gallery

Übernachten:
- Leverhulme Hotel & Spa: 4-Sterne-Boutiquehotel im ehemaligen Dorfkrankenhaus mit Wellnessbereich und dem Paesano Restaurant Lodge Lane, Port Sunlight Village, Merseyside CH62 5EZ ,Tel. + 44 151 644 6655, *leverhulmehotel.co.uk*.
- Im nahen Liverpool ist die Auswahl groß, *visitliverpool.com/accommodation*

40. Hilbre Island: Wattwanderung zu einer Insel

Vor der britischen Küste gibt es 43 Inseln, die bei Ebbe zu Fuß erreichbar sind. Eine Wanderung über gewellte Sandflächen mit Blick auf die walisischen Hügel und die Weiten des Wattenmeers führt zu einer Insel aus rotem Sandstein in der Mündung des River Dee, der hier die Grenze zwischen England und Wales bildet.

Der sichere Weg (gut drei Kilometer hin und zurück, ca. eine Stunde Gehzeit) beginnt drei Stunden nach der Flut am Parkplatz an der Dee Lane im Ort West Kirby. Zuerst steuert man die Insel Little Eye an. Diese niedrige sandige Erhebung ist die südlichste von drei Eilanden, das heißt sie liegt links in der Reihe. Hat man die südliche Spitze von Little Eye erreicht, wendet man sich nach rechts zur höheren Insel Middle Eye. Der Weg folgt einem felsigen Rücken mit Tümpeln voller Algen, Vorsicht: Rutschgefahr.

Vom Middle Eye ist die Entfernung zur Hilbre Island kurz.

Auf Middle Eye wachsen Gräser und Wildblumen, sind oft Brachvögel und Austernfischer zu sehen, und der Weg nach Hilbre Island ist nicht weit. Dort haben Wind und Wellen Bildhauerarbeit an den roten Klippen geleistet.

Es gibt Höhlen und Felsbögen, mit Strandflieder und Grasnelken bewachsenen Grasflächen sowie einige Bauten, in denen längst niemand mehr wohnt. Einst war die Insel Domizil der namensgebenden hl. Hildeburgh und im Mittelalter ein Pilgerziel. Als Chester ein bedeutender Hafenstadt am River Dee war, stand hier eine Zollstation. Heute gibt es eine Vogelwarte und Ruinen einer Rettungsstation an der Inselspitze. Von der halb zerstörten steinernen Bootsrampe schaut man zur Irischen See hinaus – und erblickt nicht selten Kegelrobben.

Am felsigen Ufer der Hilbre Island

Grasnelken und ein Blick über die Dee-Mündung zur walisischen Küste

Die Dee-Mündung gehört zu den wichtigsten Überwinterungsgebieten Europas für Wattvögel und bietet im Frühling und Herbst einen Zwischenstopp für Zugvögel während der Migration entlang der britischen Westküste. Sturmtaucher, Seeschwalben, Raubmöwen und Eissturmvögel sind regelmäßige Besucher.

Roter Sandstein prägt das Bild der Hilbre Island.

Drei Stunden vor und nach der Flut sollte man die Wanderung nicht antreten.

INFO

Lage: Dee Lane, West Kirby CH48 0QA

Websites:

- *hilbreisland.info*
- *tidetimes.org.uk/hilbre-island-tide-times*. Eine Tabelle am Ufer in West Kirby zeigt die Gezeiten an; Infotelefon +44 151 648 4371

Hinweis: Etwa drei Stunden nach der Flut geht es los, drei Stunden vor der nächsten Flut soll man Hilbre Island verlassen. Durch Priele muss man nicht waten – aber es gibt große Pfützen im Sand, sodass gutes Schuhwerk notwendig ist. Versuchen Sie keinesfalls, vom Ufer direkt in Richtung Hilbre zu laufen: immer von West Kirby aus, immer zuerst zur Little Eye.

Einkehren: Auf Hilbre Island gibt es kein Lokal, keine öffentliche Toilette. Wasser und Proviant für den 6,5 Kilometer langen Weg hin und zurück nimmt man selbst mit, zum Beispiel von

- Seafood Shack: Meeresfrüchte und Fischgerichte „to go", 3 Dee Lane, West Kirby CH48 0QH, seafood-shack.com

Übernachten:

- Leasowe Castle: Hotel in einer umgebauten Burg aus dem Jahr 1593; Moreton CH46 3RF, Tel. +44 151 606 9191, *leasowecastle.com*
- Halbinsel Wirral: *visitwirral.com/accommodation*,
- Liverpool: *visitliverpool.com/accommodation*

41. MANCHESTER: DIE ERSTE INDUSTRIESTADT DER WELT

Der Begriff „Manchesterkapitalismus" bezeichnet das ungezügelte Profitstreben und die Ausbeutung der Frühindustrialisierung, aber neben dem Wirtschaftsliberalismus prägte auch die Arbeiterbewegung die Stadt. Dieser Spaziergang (zwei Stunden, mit Besichtigungen bis zu einem vollen Tag) führt zu Zeugnissen des ersten Industriezeitalters und großartiger Architektur, folgt außerdem den Fußstapfen von Friedrich Engels und Karl Marx.

Bereits im 18. Jahrhundert entstanden mechanisierte Baumwollspinnereien und -webereien in Manchester. Castlefield heißt das historische Gebiet am Bridgwater Canal, den der gleichnamige Herzog 1765 bauen ließ, um Kohle aus seinen Bergwerken zu transportieren. Hier stehen Lagerhäuser der 1820er-Jahre in einem beeindruckenden Labyrinth aus Kanalbecken, Brücken und Eisenbahnviadukten. Nördlich davon liegen Reste eines römischen Forts, und jenseits der Liverpool Road das Science and Industry Museum, das Hintergründe der Industrialisierung beleuchtet. Dazu gehört der erste Passagierbahnhof der Welt (1830).

Schleuse am Rochdale Canal

Castle Street führt von Castlefield östlich zur Whitworth Street, auf deren Nordseite der Rochdale Canal verläuft. Jenseits der ersten Schleuse gehen wir hinunter zum Treidelpfad, verlassen den Kanal an der zweiten Schleuse und überqueren rechts die Whitworth Street. Die Jack Rosenthal Street führt unter die Eisenbahnbögen und rechts zu Tony Wilson Place. Hier steht seit 2017 ein Fremdkörper im aufstrebenden, postindustriellen Manchester: eine 3,5 Meter hohe Statue von Friedrich Engels. Das Denkmal aus grobem Beton fand der Künstler Tony Collins in einem ukrainischen Dorf – ausrangiert, in zwei Teile gesägt –

und baute es hier wieder auf. Ab 1842 arbeitete Friedrich Engels in der Baumwollfabrik seines Vaters in Manchester, entdeckte sein Engagement für die Arbeiterbewegung und veröffentlichte 1845 „Die Lage der arbeitenden Klasse in England" über die entsetzlichen Zustände, die er vorfand.

Die Statue von Friedrich Engels kam aus der Ukraine.

Wir kehren zum Rochdale Canal zurück, überqueren ihn an der Schleuse (ausgeschildert: Bridgwater Hall Basin), folgen einem Seitenarm des

Bahnviadukt und Kanal im Castlefield-Viertel

Kanals unter einer niedrigen Brücke hindurch und erreichen einen Teich mit Brunnen neben der Konzerthalle Bridgwater Hall. Stufen führen hinauf zur Straße, die wir überqueren. Links die Central Station mit Glasdach (1880), jetzt ein Kongresszentrum, rechts das mit Keramik verzierte Midland Hotel. Hier traf der Autohändler Charles Rolls 1904 erstmals den Mechaniker Henry Royce, der gerade seinen ersten Wagen gebaut hatte.

Das Midland Hotel. Hier trafen sich erstmals die Herren Rolls und Royce.

Mount Street führt am Hotel vorbei zu St Peter's Square und dem Rundbau der Central Library. Peter Street auf der linken Seite war einst eine offene Fläche, St Peter's Fields, wo im Jahr 1819 60.000 Menschen für das Wahlrecht demonstrierten. Husaren wurden auf sie losgelassen. Es gab 650 Verletzte und mindestens 14 Todesopfer. In Anspielung auf die Schlacht von Waterloo ging das Ereignis als das „Peterloo Massacre" in die Geschichte ein.

Über Mount Street geht es weiter zu Albert Square und dem riesigen neugotischen Rathaus. Das 1877 vollendete Werk des Architekten Alfred Waterhouse besitzt Innenräume mit reicher Dekoration und Wandmalereien. Links über die John Dalton Street erreichen wir die Straße Deansgate und machen einen Abstecher links zur John Rylands Library. Die Bibliothek ließ die Witwe des gleichnamigen Textilfabrikanten im Jahr 1900 in fantasievoller Neugotik errichten, die im Lesesaal und im alten Treppenhaus am Deansgate besonders gut zu bewundern ist (Eingang heute links im Anbau mit Café).

Die Bridge Street führt zum Fluss Irwell und einem historischen Pumpwerk, heute zum People's History Museum umgebaut. Das „Nationalmuseum der Demokratie" bereitet Themen wie das Peterloo-Massaker und die Gewerkschaftsbewegung interessanter auf, als man vielleicht erwartet. Wir überqueren den River Irwell, gehen am Flussufer an der geschwungenen Brücke des Architekten Santiago Calatrava vorbei zur Blackfriars Bridge, dort rechts die Blackfriars Street hinauf und erreichen über St Mary's Gate einen Prachtbau, der den einstigen Reichtum der Stadt verkörpert: die Baumwollbörse Royal Exchange. In der Halle mit drei Glaskuppeln und mächtigen Säulen wurde ein wie eine Raumfahrtkapsel anmutendes Theater eingefügt.

Den Abschluss bilden zwei Schmuckstücke aus dem Mittelalter. New Cathedral Street führt zur Kathedrale, eine ehemalige Stiftskirche des 15. Jahrhunderts, dahinter Chetham's Library. Die Bibliothek wurde ab 1653 in den mittelalterlichen Stiftsgebäuden eingerichtet. Zu sehen ist die teils originale Einrichtung sowie ein Tisch, an dem 1845 Friedrich Engels und sein Besucher aus London, Karl Marx, ihre Köpfe zusammensteckten. Die Bücher, die sie verwendeten, sind als Faksimile zu sehen.

INFO

Lage: Startpunkt Castlefield, Castle Street, Manchester M3 4LZ

Information:

- Tourist Information Centre: Central Library, St Peters Square, Manchester M2 5PD

Website: *visitmanchester.com*

Aktivitäten:

- Science and Industry Museum: *scienceandindustrymuseum.org.uk*
- John Rylands Library: *www.library.manchester.ac.uk/rylands*
- Rathaus: wg. Renovierung bis voraussichtlich 2024 unzugänglich, *visitmanchester.com/things-to-see-and-do/manchester-town-hall-p10091*
- People's History Museum: *phm.org.uk*
- Chetham's Library: Führungen nur bei Voranmeldung; *library.chethams.com*

Einkehren: Lokale in Castlefield, Cafés in der John Rylands Library und im Royal Exchange, Weltküche im überdachten Hof des Corn Exchange neben der Kathedrale

Übernachten:

- Cow Hollow Hotel: Schicker Umbau einer Textilfabrik im trendigen Northern Quarter; 57 Newton Street, Northern Quarter, Manchester M1 1ET, *www.cowhollow.co.uk*

Yorkshire – der Westen

Das bewaldete Ufer des River Ure

Yorkshire – der Westen

42. Yorkshire Sculpture Park und The Hepworth: Bildhauerkunst
43. Leeds: Gegensätze der Großstadt
44. Die Schleusentreppe in Bingley: der Kanal steigt auf den Berg
45. Das obere Nidderdale: raue Landschaft am Stausee
46. Coldstones Cut: Land Art mit Panorama
47. Brimham Rocks: bizarre Felsen mit Ausblick
48. Ripon: ein historischer Ort mit Kleinstadtcharme
49. Hackfall: Zauberwald mit romantischen Ruinen
50. Landstraßen der Yorkshire Dales: für unerschrockene Autofahrer

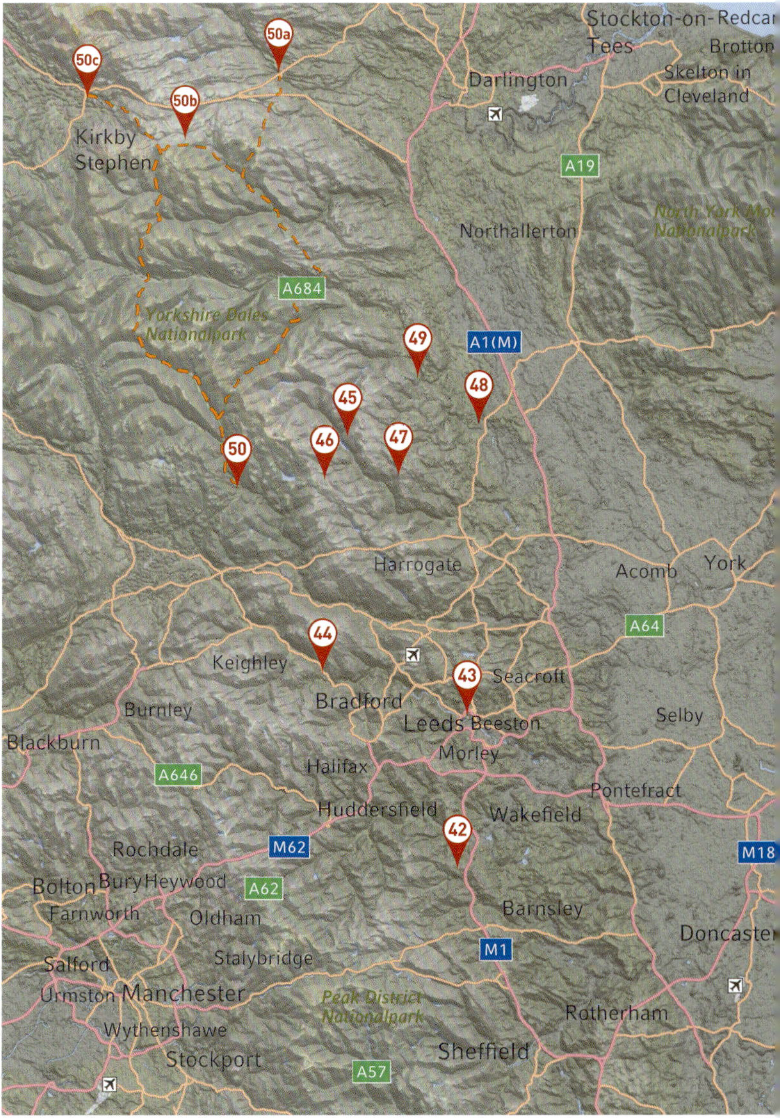
50a
50c
50b
Kirkby Stephen
Tees
Darlington
Brotton
Skelton in Cleveland
A19
Northallerton
A684
Yorkshire Dales Nationalpark
49
A1(M)
48
45
46
47
50
Harrogate
Acomb
York
A64
44
Keighley
43
Seacroft
Bradford
Leeds
Beeston
Selby
Burnley
Blackburn
Morley
A646
Halifax
Pontefract
Huddersfield
Wakefield
42
Rochdale
M62
M18
Bolton
Bury
Heywood
A62
Farnworth
Oldham
Barnsley
Salford
Stalybridge
M1
Urmston
Manchester
Peak District Nationalpark
Rotherham
Wythenshawe
Stockport
Sheffield
A57

42. YORKSHIRE SCULPTURE PARK UND THE HEPWORTH: BILDHAUERKUNST

Im 20. Jahrhundert brachte die Grafschaft Yorkshire zwei herausragende Bildhauer hervor: Henry Moore (1898–1986) und Barbara Hepworth (1903–1975). Mit Galerien und Werken unter freiem Himmel pflegen der Yorkshire Sculpture Park und The Hepworth diese Tradition.

Der Yorkshire Sculpture Park nahe Wakefield zeigt Werke britischer und internationaler Künstler, auch Bronzen von Moore und Skulpturen von Hepworth, in einem hügeligen, 200 Hektar großen Park. Es handelt sich um den Landschaftspark von Bretton Hall, einem 1720 von William Wentworth erbauten Herrensitz. Wentworths Sohn ließ den kleinen Fluss Dearne zu einem See stauen, auf dem einst Seeschlachten zum Vergnügen adliger Gäste nachgespielt wurden. Heute darf sich jeder an den weitläufigen Grasflächen, Waldparzellen und Wasserflächen freuen. Auch die Architektur des Anwesens wurde in das Ausstellungskonzept miteinbezogen – der Amerikaner James Turrell machte aus der historischen Wildhütte eine Installation, während eine Kapelle aus dem Jahr 1744 Kunstwerke beherbergt. Bretton Hall war bis Mitte des 20. Jahrhunderts das Domizil der Wentworth-Nachkommen, gehörte bis 2007 der Universität Leeds und soll demnächst als Luxushotel eröffnet werden.

Der Landschaftspark bietet Platz für großformatige Werke.

Ein Werk des italienischen Bildhauers Giuseppe Penoni

Die Werke vieler im Park vertretenen Künstler nehmen Bezug auf die von Mensch und Natur gestaltete Landschaft. Trotzdem wurde der ursprünglich als „Galerie ohne Wände" konzipierte Park um überdachte Ausstellungsräume erweitert. Dazu gehören eine unterirdische Galerie am Garten vom Bretton Hall, Räume südlich des künstlichen Sees und die Weston Gallery am östlichen Parkeingang. Moderne und zeitgenössische Bildhauerei wird gezeigt, oft mit Fokus auf einen einzelnen Künstler – wie den Chinesen Ai Wei Wei oder die Inder Thukral und Tagra sowie Stars der britischen Szene. Spaziergänge durch den Park und Besuche in den Galerien bilden auf Wunsch ein ganztägiges Programm.

„Two Large Forms" heißt dieses Werk von Henry Moore.

Der Neubau von The Hepworth

Die von der Industrie geprägte Stadt Wakefield zählt 100.000 Einwohner. Bereits bei der Gründung 1923 fing die Wakefield Art Gallery an, zeitgenössische britische Kunst zu sammeln. Selbstverständlich sind Werke der in Wakefield geborenen Barbara Hepworth darunter, ferner Schlüsselwerke von Henry Moore wie seine „Liegende Figur" von 1936. Vertreten sind führende englische Künstler des 20. Jahrhunderts wie Paul Nash, John Piper, Hepworths Ehemann Ben Nicholson und David Hockney. 2012 erhielt die Sammlung den neuen Namen „The Hepworth" und ein Aufsehen erregendes Zuhause in zehn trapezförmigen Bauteilen am River Calder. Der Architekt David Chipperfield, der auch die Museumsinsel in Berlin neu gestaltete, entwarf das Haus, zu dem auch ein Skulpturengarten gehört.

Auf der Leeds School of Art lernte Barbara Hepworth den aus Castleford nahe Wakefield stammenden Henry Moore kennen. Wer sich für die beiden und für die Bildhauerei im Allgemeinen interessiert, findet hochkarätige Werke auch in Leeds: im Henry Moore Institute und in der Leeds Art Gallery.

Viele Werke setzen sich mit der Beziehung zwischen Mensch und Natur auseinander.

INFO

Lage: Yorkshire Sculpture Park, West Bretton, Wakefield WF4 4JX; ca. 30 Kilometer südlich von Leeds

Aktivitäten:

- Yorkshire Sculpture Park: *ysp.org.uk*
- The Hepworth: Gallery Walk, Wakefield WF1 5AW, *hepworthwakefield.org*

Bildhauerei in Leeds:

- Henry Moore Institute: *henry-moore.org*
- Leeds Art Gallery: *museumsandgalleries.leeds.gov.uk*

Einkehren:

- Yorkshire Sculpture Park: Restaurant in The Weston, Café im YSP Centre
- The Hepworth: Café in der Galerie

Übernachten: Wakefield ist als Zwischenstopp nahe der Autobahn M1 empfehlenswert – als Urlaubsstandort eher nicht. Eine große Auswahl an Unterkünften gibt es in Leeds sowie im Nidderdale (siehe Tipp 45) und im Yorkshire Dales National Park (*yorkshiredales.org.uk/plan-your-visit/where-to-stay*).

43. LEEDS: GEGENSÄTZE DER GROSSSTADT

Die mit 800.000 Einwohnern größte Stadt der Grafschaft Yorkshire verdankte ihren Aufstieg der Industrie, ist aber heute Dienstleistungsmetropole und Einkaufszentrum der Region. Zwei Spaziergänge zu extravaganter Architektur zeigen, wie Geld einst verdient und heute ausgegeben wird.

Robin Hoods Bande in der Queen's Arcade

Startpunkt für beide Wege ist der Hauptbahnhof. Zu opulenten Bauwerken des 19. Jahrhunderts für den Einzelhandel geht es in die New Station Street, rechts in die Boar Lane, dann links in den Briggate. Im nördlichen Abschnitt dieser Haupteinkaufsstraße steht linker Hand die Queen's Arcade aus dem Jahr 1889. Das wohlhabende Bürgertum der viktorianischen Zeit wünschte sich überdachte, mondäne Einkaufspassagen wie in Paris und London. Die helle Queen's Arcade mit gotischen Bögen kam diesem Wunsch nach. Die Uhr mit Figuren aus den Robin Hood-Sagen verstärkt die mittelalterliche Anmutung.

Die Einkaufspassage County Arcade

Opulenter geht es auf der gegenüberliegenden Seite des Briggate in der County Arcade zu. Diese Passage und die im rechten Winkel kreuzende Cross Arcade entstanden zwischen 1898 und 1904 nach Entwürfen des Theaterarchitekten Frank Matcham. Sein Empire Theatre wurde in den 1960er-Jahren abgerissen, aber die Passagen zeigen noch heute seinen verschwenderischen Stil. Auf drei Etagen ziert Dekoration aus glasierter Terrakotta, Marmor und Mosaiken die langen Hallen unter Glasdächern. Dunkles Holz rahmt die großen Fensterscheiben der Geschäfte. Parallel zur County Arcade wurde 1989 die Queen Victoria Street durch bunte Glaskunst überdacht: 750 Quadratmeter misst das von Brian Clarke geschaffene Werk.

Kirkgate Market

Vom östlichen Ausgang der Queen Victoria Street geht es nach rechts in die Vicar Lane und nach wenigen Schritten zum Kirkgate Market. Hinter einer Steinfassade mit Türmen und Giebeln verbirgt sich eine Markthalle aus dem Jahr 1904. Auch hier wurden Eisen und Glas eingesetzt. Korinthische Säulen stützen ein hohes Dach mit einem zentralen Oktagon, rote Drachen den umlaufenden Balkon. Zum Kirkgate Market gehören 800 Stände mit Lebensmitteln und allerlei anderen Waren in vier Hallen.

Die ehemalige Getreidebörse – Corn Exchange

Zum Abschluss sieht man nur 50 Meter weiter in der Verlängerung des Vicar Lane ein weiteres Prachtstück. Die ehemalige Getreidebörse (Corn Exchange, 1863) entwarf Cuthbert Brodrick, Architekt auch des imposanten Rathauses von Leeds, in ovaler Form nach dem Vorbild der Bourse de Commerce in Paris. Heute besetzen Boutiquen und Esslokale die Flächen unter der Glaskuppel.

Der River Aire fließt durch die „dunklen Bögen" unter dem Hauptbahnhof in Leeds.

Nach der Schokoladenseite von Leeds wenden wir uns dem industriellen Erbe zu. Ein Spaziergang auf der anderen Seite des Hauptbahnhofs zeigt eine herbe, aber bemerkenswerte Industrieästhetik. Wer direkt vom Bahnhof den Weg antritt, geht nicht zum vorderen, sondern folgt den Schildern zum hinteren Ausgang neben Gleis 17 und erreicht über Rolltreppen ein dunkles Gewölbe unter dem Bahnhof: die „Dark Arches", eine Reihe von Backsteintunneln, durch die der River Aire fließt. Dafür wurden in den 1860er-Jahren 18 Millionen Ziegelsteine benötigt. Hier befindet sich der Ausgang zum Granary Wharf („Getreidespeicherkai"). Wer von Briggate aus kommt, geht am südlichen, unteren Ende der Straße, noch vor der Aire-Brücke, rechts über Swinegate und Sovereign Street zum Granary Wharf und rechts zu den Dark Arches.

Am Granary Wharf sorgen Bars und Esslokale in den Bahnbögen und in Neubauten am Kanal für eine trendige Szene. Neben der Schleuse, die seit 1777 den Leeds-Liverpool Canal mit dem Aire verbindet, steht noch ein historisches Lagerhaus aus grauem Stein. Wir spazieren hier am Wasser in westlicher Richtung zum Candle House, dem runden Hochhaus mit diagonal leicht versetzten Fenstern. Der Name des 2009 errichteten Turms erinnert an längst verschwundene Speicher für Kerzen und Talg. Über den Wasserweg führt eine Steinbrücke am Haus des Kanalamts (1841) vorbei in die Straße Wharf Approach. Diese schlängelt sich durch ein Neubaugebiet zur Water Lane und dem Sanierungsviertel Holbeck Urban Village.

Becken am Anfang der Leeds-Liverpool Canal

Vom Wharf Approach geht es nach rechts in die Water Lane. Parallel dazu fließt der namensgebende Bach, Hol Beck. Im 18. Jahrhundert lieferte er die Wasserkraft für Fabriken, deren Überreste den Kern des noch entstehenden Urban Village bilden. Von der Water Lane zweigt rechts die Globe Road zu den Tower Works ab. Neue Wohnungen entstehen auf dem Gelände einer Fabrik der 1860er-Jahre. Geblieben sind die Fassade des Eingangs und drei Türme aus Backstein. Für den großen verzierten Turm (1899) stand der Campanile des Doms in Florenz Pate. Der Architekt des kleineren verzierten Turms (1866) nahm den Torre dei Lamberti in Verona als Vorbild. Der Fabrikbesitzer, der Stahlnadeln für das Kardieren und Kämmen in der Wollindustrie herstellte, liebte eben Italien.

Seine Nachbarn waren eher dem alten Ägypten zugetan. Wir kehren von den Tower Works zurück zur Water Lane, gehen dort nach rechts und dann links in die Marshall Street. Die Flachsspinnerei Marshall Mills ist ein unverzierter sechsstöckiger Bau aus dem Jahr 1816. Ein Stück weiter ist es mit der Schlichtheit vorbei: Das Verwaltungsgebäude des Temple Works ahmt den Horus-Tempel in Edfu am Westufer des Nils nach. Auch die Fabrikhalle daneben pflegt den ägyptischen Stil. Bei der Einweihung 1840 soll dieser Raum der größte der Welt gewesen sein. 65 konische Oberlichter (vom Parkplatz neben den Marshall Mills sichtbar) spendeten Tageslicht, 2000 Arbeiter bedienten 7000 mit Dampfkraft angetriebene Spindeln. Für das erwünschte feuchte Raumklima sorgte das begrünte Dach, auf dem Schafe weideten. Die Gebäude standen lange Zeit leer und verfielen. Eine künftige Nutzung ist noch nicht gesichert.

Gegenüber den Marshall Mills befindet sich das Round Foundry Media Centre, genannt nach einer riesigen, kreisrunden Gießerei, in der ab 1795 der Ingenieur Matthew Murray Dampfmaschinen herstellte. Seine 1812 erbaute „Salamanca" gilt als erste kommerziell erfolgreiche Dampflokomotive der Geschichte. Der Rundbau brannte 1875 ab, aber Bauten aus Murrays Zeit am Sawmill Square beherbergen u. a. Designbüros und eine Brauerei. Über einen weiteren Hof erreicht man den Biergarten der Kneipe The Cross Keys, wo die Arbeiter der Gegend seit 1802 ihren Durst löschen.

Flachsspinnerei im altägyptischen Stil

Historische Lagerhäuser am Kanal

INFO

Lage: Leeds liegt etwa 70 Kilometer nordöstlich von Manchester.

Aktivitäten: *visitleeds.co.uk*

Einkehren:

- Whitelocks: eine 1715 gegründete Kneipe mit Küche in einer Gasse an der Westseite des Briggate; Turk's Head Yard, Leeds LSI 6HB, *whitelocksleeds.com*
- Harvey Nichols Fourth Floor: Zum exklusiven Kaufhaus passt feine Gastronomie; 107 Briggate, Leeds LS1 6AZ, *harveynichols.com/restaurant/leeds-dining/brasserie*
- The Cross Keys: deftige Küche, gutes Bier, uriges Ambiente; 107 Water Lane, Leeds LS11 5WD, *thecrosskeysleeds.co.uk*

44. Die Schleusentreppe in Bingley: Der Kanal steigt auf den Berg

Die Werksiedlung Saltaire nördlich der Stadt Bradford ist UNESCO-Weltkulturerbe. Nach dem lohnenden Besuch dort kann man ein weiteres, nur fünf Kilometer entferntes Wunder der Industrierevolution besichtigen.

„The Bingley five rise" heißt die Folge von fünf Schleusen, die auf einer Länge von knapp 100 Metern einen Höhenunterschied von 18 Metern überwinden – die steilste Schleusentreppe des englischen Kanalsystems und ein beeindruckender Anblick, sowohl von unten wie von oben. Diese 250 Jahre alte Ingenieurleistung erfreut sich bis heute einer regen Nutzung, denn der Leeds-Liverpool Canal ist eine beliebte Route für Freizeitboote.

Das 250 Jahre alte Kanalhaus beherbergt heute ein Café.

Über die Schleusentreppe steigt der Kanal ins Aire-Tal hinab.

Im Jahr 1774 wurde die Anlage bei Bingley eröffnet. Es sollten noch gut 40 Jahre vergehen, bis der Kanal auf der kompletten Länge von 204 Kilometern fertig gestellt wurde. Insgesamt 91 Schleusen mussten gebaut werden, denn zwischen der Hafenstadt Liverpool im Westen und der Wollmetropole Leeds liegt das Pennine-Gebirge, das sich wie ein Rückgrat von Mittelengland bis zur schottischen Grenze durchs Land zieht. Der westliche Teil des Kanals versorgte Liverpool mit Kohle. Die Vollendung des gesamten Wasserweges erleichterte den Export von Textilien aus Leeds über die Westküste und schuf in Verbindung mit dem Fluss Aire, der durch Leeds nach Osten fließt, eine Transportstrecke quer durch das Land zur Nordsee.

Vorsichtig bugsieren Freizeitkapitäne ihre Boote in die engen Schleusen.

Für den Abstieg aus dem Pennine-Gebirge ins Aire-Tal und weiter nach Leeds baute man fünf Schleusen ohne dazwischen liegende Becken – die Treppe besteht also aus fünf Schleusenkammern und sechs Toren. Jedes Tor besteht aus zwei Teilen, die mit menschlicher Kraft geöffnet und geschlossen werden müssen: Man zieht oder drückt an einem langen, mit dem Schleusentor verbundenen Balken. Ein Schleusenwärter und freiwillige Helfer unterstützen die Freizeitkapitäne dabei. Die Passage durch die Five Rise ist oft ein geselliges Ereignis, wenn Schaulustige mit den Durchfahrenden plaudern oder mit anpacken. Viele traditionelle „narrowboats" („schmale Boote"; die frühen Kanäle hatten keine breiten Schleusen, um Wasser zu sparen) besitzen eine althergebrachte bunte Bemalung. Der Treidelpfad lädt in beiden Richtungen zum Radeln oder Spazieren ein, und der Blick von oben ins grüne Tal ist zu jeder Jahreszeit schön.

INFO

Lage: Bingley BD16 4DS, von Bingley-Mitte über Park Road, dann links in Beck Lane

Aktivitäten:

- *leedsandliverpoolcanalsociety.co.uk*
- *canalrivertrust.org.uk*

Einkehren:

- Five Rise Locks Café: kleine Mahlzeiten und Kuchen im alten Kanalhaus direkt an der obersten Schleuse, *fiveriselockscafe.co.uk*

Übernachten:

- Auf dem Kanalboot: Es gibt viele Anbieter am Leeds-Liverpool Canal, zum Beispiel nahe Bingley *silsdenboats.co.uk*
- Ein breites Angebot hat die nahe Stadt Bradford: *discoverbradford.com*

45. DAS OBERE NIDDERDALE: RAUE LANDSCHAFT AM STAUSEE

Die fünf-Kilometer-Wanderung um den Stausee Scar House Reservoir vermittelt einen Eindruck der kargen Seite von Nordengland. Baumloses Moor kennzeichnet die Höhen des Pennine-Gebirges. Wanderer können Stunden der Einsamkeit erleben und sehen beeindruckende Staumauern von Nahem.

Das Nidderdale gehört nicht zum Nationalpark Yorkshire Dales und zieht weniger Besucher an als die beliebten Täler Swaledale oder Wensleydale, trägt aber zu Recht die offizielle Bezeichnung „AONB", („Area of Outstanding Natural Beauty", also ein „Gebiet außerordentlicher natürlicher Schönheit"). Es gibt einen ausgesprochenen Kontrast zwischen dem lieblichen unteren und dem rauen oberen Tal. Beides kann man auf dem 85 Kilometer Rund-

Der entlegene Stausee Angram Reservoir

weg Nidderdale Way erkunden. Die Straße in Richtung Norden von Pateley Bridge, dem touristischen Hauptort der Gegend, nach Ramsgill führt am Stausee Gouthwaite Reservoir vorbei und weiter neben dem sich schlängelnden River Nidd zum Dorf Lofthouse. Hier biegt man nicht nach rechts auf die nach Masham ausgeschilderte Straße, sondern überquert den Nidd und nimmt direkt hinter der Brücke die Privatstraße der Wasserversorgungsgesellschaft rechts zum Scar House Reservoir (ausgeschildert; wer den Abbieger verpasst, erreicht bald in luftiger Höhe das Dorf Middlesmoor, was durchaus auch lohnend ist). Die Straße steigt immer höher, die Umgebung wird immer wilder und schließlich ist der Parkplatz am Scarhouse Reservoir erreicht.

Staumauer aus dem Jahr 1936

Der weitere Weg zu Fuß ist gut erkennbar, die Orientierung leicht. Eine asphaltierte Straße führt zur Staumauer, die man mit einem Schwindel erregenden Blick ins Tal überquert. Sie wurde 1936 nach 15-jähriger Bauzeit vollendet. An der Nordseite angelangt, folgt man dem Weg am Ufer des Sees in westlicher Richtung. Bei sehr nassen Bedingungen empfiehlt sich der weiter oben parallel verlaufende Weg. Zu jeder Zeit sind aber gute Wanderschuhe unerlässlich bei den stellenweise feuchten und schlammigen Böden; auch sonst sollte man für schlechtes Wetter gerüstet sein. Nach ca. 1,5 Kilometern verengt sich der See, der Uferweg führt nach links an einer Schutzhütte vorbei. Dahinter hält man Ausschau nach einem Tor und dem Pfad, der bergan führt entlang einer Mauer rechter Hand. Nach dem Aufstieg sieht man einen Wegweiser

Schwindelerregend ist der Blick von der Staumauer ins Tal.

zum Angram Dam, der Staumauer des zweiten, oberen Sees. Auch diese Mauer überquert man. Der Rundumblick auf zwei Seen und die umliegenden Berge ist hier wunderschön. Die Geräuschkulisse besteht aus dem Plätschern des Wasser unterhalb der Staumauer, dem Rauschen des Winds und Vogelgezwitscher: Hier sind Brachvögel mit ihren langen Schnäbeln zu sehen, außerdem Kiebitze, Moorhühner und Merline. Am Südufer des Scar House Reservoir geht es zum Parkplatz zurück.

INFO

Lage: Nidderdale HG3 5SW

Websites:

- *nidderdaleaonb.org.uk/*
- *yorkshirewater.com/things-to-do/walks/scar-house-walk*
- *nidderdale.co.uk*

Aktivitäten:

- Nidderdale Way: *nidderdale.co.uk/nidderdale-way*
- Nidderdale Museum: Das kleine Heimatmuseum informiert über Geschichte und Leben in Nidderdale; King Street, Pateley Bridge, *nidderdale.co.uk/business/nidderdale-museum*
- Nidderdale Show: Agrar- und Jahrmarkt in Pateley Bridge. Urig mit spannenden Einblicken in das ländliche Leben: Schäferhunde zeigen ihr Können, die besten Schafe und Rinder werden gekürt, Wettbewerb für verzierte Spazierstöcke, Vorführungen rustikalen Handwerks und vieles mehr; jährlich im September, *nidderdaleshow.co.uk*.

Übernachten/Einkehren:

- The Crown Hotel, Campingplatz, Bed & Breakfast, Ferienwohnung in erhöhter Lage mit tollem Blick auf Nidderdale. Herzhafte Küche mit großen Portionen; Upper Nidderdale HG3 5RZ , Tel. +44 1423 755206, *nidderdale.co.uk/business/the-crown-hotel-lofthouse*
- The Yorke Arms: eine sehr feine Adresse in schöner Lage, Unterkunft mit erhobenem Niveau und Sterneküche; Ramsgill-in-Nidderdale, Pateley Bridge HG3 5RL, Tel. +44 1423 755243, *theyorkearms.co.uk*

46. Coldstones Cut: Land Art mit Panorama

In windiger Höhe mit Blick über die umliegende Landschaft und in einen tiefen Steinbruch steht ein Kunstwerk mit monumentalen Ausmaßen.

Im Jahr 2010 errichtete der Künstler Andrew Sabin sein archaisch-religiös anmutendes Werk „Coldstones Cut" auf einem Hügel in 418 Meter Höhe. Das Überraschende: Das Innere des Hügels wurde ausgesprengt. Somit ist dieses Beispiel von „Land Art" ein Aussichtspunkt mit Blick nach unten in einen gigantischen Hohlraum und zugleich mit 360-Grad-Panoramablick auf die ganze Region. Im Coldstones-Steinbruch werden jährlich 700.000 Tonnen Kalkstein abgebaut. Um die Schönheit der Landschaft zu erhalten und die Gegend vor Lärm und Staub zu schützen, wird der Berg nicht

Der obere Abschluss des spiralförmigen Aufstiegs

Der sakral anmutende Zugang zum Kunstwerk und zur Aussichtsterrasse

abgetragen, sondern ausgehöhlt. Erst von oben wird das 300 Meter tiefe Loch mit einer Fläche von 30 Hektar sichtbar. Von der Aussichtsterrasse sieht man, wie riesige, beladene Lastwagen – von oben wirken sie wie Ameisen – auf Rampen nach oben kriechen, hört ferne metallische Klänge und das tiefe Brummen der Motoren. Infotafeln erklären die Geologie des Bergs: Vor 350 Millionen Jahren breitete sich hier ein Meer aus, der abgelagerte Kalk stammt von Tierskeletten.

Das Kunstwerk erschließt den Steinbruch, ist aber auch als quasi-sakrales Erlebnis angelegt. Andrew Sabin ließ sich von den monumentalen Mauern im griechischen Mykene und den natürlichen Formen der Ammoniten inspirieren. Nach dem Aufstieg vom

Parkplatz beschreiten Besucher zuerst zwischen Mauern aus grob behauenen Steinblöcken einen geraden Weg, der wie der Zugang zu einem Heiligtum wirkt. Am Ende geht es geradeaus zur Aussichtsterrasse. Links und rechts betritt man spiralförmig steigende Rampen, schreitet dreimal im Kreis zwischen engen Mauern und

Blick in den Steinbruch von der Aussichtsterrasse

steht schließlich auf einer erhöhten Fläche mit Rundumblick. Nach Osten und Norden erstreckt sich das Tal Nidderdale. Was nach Süden hin wie eine Ansammlung von überdimensionierten Golfbällen anmutet, ist ein Luftwaffenstützpunkt mit Abhöranlagen der britischen und amerikanischen Geheimdienste. Wieder unten angelangt, sieht man die Reste eines Kalkbrennofens aus dem 19. Jahrhundert.

Zum Abbau des Kalksteins wurde der Berg von innen ausgehöhlt.

INFO

Lage: Pateley Bridge HG3 5BJ; Parkplatz an der B6265

Website: *thecoldstonescut.org*

Einkehren: Im touristischen Pateley Bridge gibt es viele Pubs, Restaurants und Cafés.

Übernachten:

- Talbot House Hotel: kleines, komfortables Hotel mit angeschlossenem Tea Room. 27 High Street, Pateley Bridge HG3 5AL, Tel. +44 1423 711 597, *talbot-house.co.uk*

47. Brimham Rocks: bizarre Felsen mit Ausblick

Nordwestlich der Kurstadt Harrogate am Rande des Tals Nidderdale liegt ein Naturspektakel – verwitterte Sandsteinformationen in einem bewaldeten Gelände, das man entweder bei einem kurzen Spaziergang erkunden oder mit einer längeren Wanderung durch Heidegebiet verbinden kann.

Das Gelände ist wie ein riesiger Abenteuerspielplatz für Jung und Alt. Stundenlang kann man auf den Felsen herumklettern und dabei überlegen, ob deren Spitznamen den merkwürdigen Formen gerecht werden. Sie heißen Tanzbär, Gorilla, Adler oder Schildkröte. Agile Besucher können auf den Rocking Stones (Schaukelsteine) balancieren oder durch die tunnelartige „kleine Kanone" (auch „Smarties-Rohr") kriechen. Eichen wachsen aus kleinen Felsspalten und der Ausblick über Nidderdale ist immer wieder herrlich.

Kleine Bäume wachsen aus den Spalten zwischen verwitterten Steinen.

Bizarre Formen

Beeindruckend ist außerdem der „Idol Stone", bei dem ein erstaunlich kleines Fundament einen enorm großen Felsen stützt. Die Bezeichnung „Idolstein" kommt nicht von ungefähr. Noch vor 200 Jahren kursierte die Theorie, Druiden hätten im Altertum die Steine geformt. Ein Fels heißt sogar der „Druidenschreibtisch". Geologen haben eine andere Erklärung. Die Brimham Rocks bestehen aus grobem, 320 Millionen Jahre altem Sandstein. In den letzten 100.000 Jahren schufen Gletscher, fließendes Wasser und die Elemente die bizarren Formen, die man heute sieht. Vom Wind getragene Eis- und Sandpartikel scheuerten die weicheren Schichten – besonders diejenigen, die in Bodennähe lagen. Am nördlichen Ende vom Gelände gibt es eine kleine Ausstellung mit Erklärungen. Das steinerne Haus, das dieses

Der „Idol Stone", dahinter das Tal Nidderdale

Vom Wind getragene Partikel trugen die weicheren Steinschichten ab.

Besucherzentrum beherbergt, entstand 1792 als Jagdhaus für den Grundbesitzer und diente schon damals auch als Unterkunft für Besucher der Steine.

Empfehlenswert ist auch eine Wanderung auf markierten Wegen durch das 185 Hektar Naturschutzgebiet. Brimham Rocks ist ein „Site of Special Scientific Interest" (Ort von besonderen wissenschaftlichen Interesse), nicht nur der Geologie wegen, sondern auch als Wald- und Heidebiotop mit seltenen Pflanzen: Siebenstern, Preiselbeere, Moorlilie und drei seltene Erikagewächse gedeihen hier. Die Heide erstreckt sich östlich der Steine und südlich der Straße. Am südlichen Ende gibt es feuchte Heide mit Torfschichten, während im trockenen Teil der Heide die einzige in England heimische Giftschlange, die Natter, lebt.

Klettern ist erlaubt: die Brimham Rocks sind ein natürlicher Abenteuerspielplatz.

INFO

Lage: Brimham Moor Road, Summerbridge, Harrogate HG3 4DW

Website: *nationaltrust.org.uk/brimham-rocks.* Pläne der Formationen und Wanderrouten sind vor Ort erhältlich.

Aktivitäten: Kleine Mahlzeiten und Picknickzutaten im Café vor Ort. Empfehlung: Ein Imbiss oder Sandwich auf oder neben den Felsen mit weitem Blick.

48. Ripon: ein historischer Ort mit Kleinstadtcharme

Bereits im 7. Jahrhundert war Ripon Bischofssitz, und bis heute betont die 17.000-Einwohner-Stadt ihre lange Geschichte mit einem täglichen Ereignis um 21 Uhr am Marktplatz: Der amtliche „Hornblower" bläst in ein Ochsenhorn.

Diese Zeremonie soll mehr als 1100 Jahre alt sein. Einst markierte sie den Anfang der Nachtwache. Dafür war der „Wakeman", eine Art Bürgermeister, zuständig. Das Rathaus aus dem Jahr 1799 auf der Südseite des Platzes ziert ein Spruch dazu: „Wenn der Herr die Stadt nicht bewahrt, wacht der Wächter vergeblich". Das kleine Fachwerkhaus in der Südwestecke des Marktplatzes heißt Wakeman's House und war vor 400 Jahren Domizil eines Amtsinhabers. In der Platzmitte steht ein Obelisk, den die wohlhabende Aislabie-Familie (siehe Tipp 49) in den 1780er Jahren stiftete. An der Spitze prangt das Horn des Wakeman. Markttag ist Donnerstag.

Die Westfassade der Kathedrale

Von der Südostecke des Marktplatzes führt die Straße Kirkgate zur Kathedrale. Um das Jahr 672 baute der hl. Wilfrid, Bischof von Northumbria, an dieser Stelle eine steinerne Kirche. Davon blieb bis heute die enge, labyrinthartige Krypta erhalten. Das Gotteshaus zeigt in seiner heutigen Form gotische Stilelemente. Die um 1175 erbaute Westfassade mit schlanken Lanzettfenstern ist ein besonders schönes Beispiel des Early English-Stil. Nach dem Einsturz des Mittelturms 1450 wurde der östliche Teil im spätgotischen Perpendicular-Stil erneuert. Hier zeigt das Chorgestühl ausgezeichnete Holzschnitzereien. An den Miserikordien (kleine Stützen unterhalb der Sitze) durften die Künstler ihrer Fantasie freien Lauf lassen – zu entdecken sind u. a. eine Meerjungfrau und ein Dudelsack spielendes Schwein. Von der Empore winkt eine hölzerne Hand: Damit konnte der Kapellmeister oben an der Orgel den unten stehenden, ihm unsichtbaren Chorsängern den Takt vorgeben.

Wasserspeier an der Kathedrale

Nördlich der Kathedrale stehen in grüner Umgebung The Old Deanery, die teils 400 Jahre alte Residenz des Dompropstes, und The Courthouse, das Gerichtsgebäude aus dem Jahr 1830. Ein angenehmer Spaziergang führt vom Friedhof am östlichen Ende der Kathedrale über die Straße Low St Agnesgate zum kleinen River Skell hinunter. Über eine Fußgängerbrücke erreicht man die Gaststätte The Water Rat, geht in westlicher Richtung am Flussufer an diesem Pub vorbei und ca. 700 Meter am Uferpfad weiter zur Straße Low Skellgate, dort nach rechts und über Low Skellgate und High Skellgate zum Marktplatz zurück.

Am River Skell

Während eines Aufstands im Jahr 1569, der die Wiederherstellung des Katholizismus in Nordengland zum Ziel hatte, versammelten sich am Marktplatz Rebellen. Nach dem Scheitern wurden sie auch hier gehängt. Drei kleine Museen in Ripon beleuchten die Themen Justiz, Kriminalität und die Behandlung der Armen. Das Courthouse Museum (Minster Road) widmet sich dem Geschehen im Gericht, das Prison and Police Museum (St Marygate) der Bestrafung, schließlich das Workhouse Museum (Allhallowgate) dem harten Leben der Insassen des Armenhauses.

Die Terrasse der Gaststätte The Water Rat mit Blick auf Fluss und Kathedrale

Am Marktplatz in Ripon

INFO

Lage: Ripon Marktplatz HG4 1BP

Website: *visitharrogate.co.uk/in-the-area/ripon*; Tourist Office im Rathaus am Marktplatz

Aktivitäten:

- Kathedrale: *riponcathedral.org.uk*
- Museen: *riponmuseums.co.uk*

Einkehren:

- Wilfrid's Café: einfache Gerichte nahe der Kathedrale; 29 Kirkgate, Ripon HG4 1PB
- The Wakeman's House: 33 Market Place, Ripon HG4 1BZ

Übernachten:

- Das Angebot in der nahen Stadt Harrogate ist vielfältiger und interessanter: *visitharrogate.co.uk*

49. Hackfall: Zauberwald mit romantischen Ruinen

Unweit ihres berühmten Gartens Studley Royal, heute UNESCO-Weltkulturerbe, schuf die Aislabie-Familie ein zweites, weniger bekanntes Kleinod: eine dicht bewaldete Landschaft mit künstlichen Ruinen am steilen Ufer des River Ure.

Am Rande des hübschen Dorfs Grewelthorpe, wo sich Häuser aus Stein um einen Ententeich und eine historische Herberge gruppieren, fällt das Terrain zum 100 Meter tiefer liegenden Fluss ab. Dort erwarb der Grundbesitzer John Aislabie ein Waldgebiet, das sein Sohn William zwischen 1750 und 1767 im aufkommenden Stil des „Pittoresken" umgestaltete. Durch gezieltes Fällen einzelner Baumgruppen komponierte er Ausblicke und Überraschungen:

Künstliche Ruinen wie The Grotto gehörten zum „Pittoresken Stil".

hier eine Ansicht des fernen Kirchturms der Stadt Masham, dort ein verfallener Tempel im Wald oder eine Treppe zum Ufer des Ure hinunter. Sein Prachtstück zur Ergötzung vornehmer Besucher war das Bauwerk, das heute schlicht „The Ruin" heißt und damals als

Bankettsaal diente. Wenn nach dem Essen die Türen zur Außenterrasse aufgerissen wurden, staunten Gäste über einen dramatischen Blick in die Schlucht zu ihren Füßen. Dieses Stück Kulturgeschichte kann man – im Gegensatz zum Landschaftsgarten Studley Royal, der nur gegen ein saftiges Eintrittsgeld zu betreten ist – kostenlos besichtigen.

Im April blühen „Bluebells" - Atlantische Hasenglöckchen – in vielen englischen Wäldern.

Eine Wanderung durch Hackfall ist auch ein wunderbares Naturerlebnis. Der 500 Jahre alte Wald war durch ausbeuterische Abholzung und Vernachlässigung seit den 1930er-Jahren in seinem Bestand gefährdet, bis der Verein Woodland Trust ihn 1989 erwarb und restaurierte. Heute läuft man unter mächtigen Eichen, Eschen und Ahornbäumen. Es gibt ein teilweise undurchdringliches Unterholz aus Stechpalme und Hasel. Am Boden wachsen Farnkraut, Schachtelhalm und vielfältig blühende Waldpflanzen, beispielsweise im April die in England heiß geliebten Bluebells (Atlantisches Hasenglöckchen). Auch Gaumenfreuden wie Waldmeister und Bärlauch im Frühling, Brombeeren und Himbeeren im Spätsommer sind zu finden. Bäche und kleine Wasserfälle stürzen sich den Hang hinunter zum Ure. Wer Geduld mitbringt, hat am Flussufer die Chance, einen Otter oder Eisvogel zu erspähen.

Auch Fisher's Hall (1750) wurde absichtlich als Ruine errichtet.

Schon zu William Aislabies Lebzeiten war die Anlage berühmt. Ansichten von Hackfall schmückten ein Porzellanservice, das der Keramikbetrieb Wedgwood 1773 für Zarin Katharina die Große anfertigte. Der Maler J.M.W. Turner hielt die Szene auf Leinwand fest, und bis in die 1920er-Jahre war Hackfall ein Touristenziel. Jetzt zeigt der vor Ort erhältliche Plan des Woodland Trust vier Rundwege unterschiedlicher Länge zu einer Abfolge von Teichen, Bächen, Ausblicken und Ruinenarchitekturen. Bleibt man oben am westlichen Waldrand, ist schnell The Ruin mit seinem grandiosen Panorama erreicht. Mühsamer, aber lohnend ist der Gang hinab zum rauschenden River Ure. Unterwegs sieht man eine Grotte und die planvoll verfallene Fisher's Hall sowie einen burgähnlichen Bau mit Aussicht, genannt Mowbray Castle. In der Nähe eines sogenannten Rustic Temple befindet sich ein absolutes Highlight: Am Brunnenteich unterhalb von The Ruin können Besucher durch kräftiges Hantieren an einer Handpumpe eine hohe Fontäne in die Luft schießen lassen.

Fontäne mit Selbstbedienung: Besucher können an einer Pumpe hantieren.

Steile Wege führen zum Ufer des Ure hinunter.

INFO

Lage: Zehn Kilometer nordwestlich der Stadt Ripon. Grewelthorpe HG4 3BU

Aktivitäten:

- Ein Teilstück des Fernwegs „Ripon Rowel Walk" (*ldwa.org.uk*) führt am Flussufer durch Hackfall.

Websites:

- *woodlandtrust.org.uk/visiting-woods/woods/hackfall*
- *hackfall.org.uk*. Broschüren mit Lageplan und Wegbeschreibung liegen in einem Kasten am Parkplatz.

Einkehren:

- The Crown Inn, Main Street, Grewelthorpe, Ripon HG4 3BS

Übernachten:

- In The Ruin kann man sogar übernachten, denn es wurde in eine gut eingerichtete Ferienwohnung verwandelt – auf *landmarktrust.org.uk* buchbar.

50. LANDSTRASSEN DER YORKSHIRE DALES: FÜR UNERSCHROCKENE AUTOFAHRER

Wer ohne Eile mit dem Auto unterwegs ist und keine Angst vor steilen Anstiegen oder Schafen auf der Fahrbahn hat, sollte ab und zu die gut ausgebauten A- und B-Straßen zugunsten unnummerierter Routen verlassen. Ausgehend vom Dorf Grassington im Wharfedale führen die unten beschriebenen Routen von Süden nach Norden durch wilde, grandiose Landschaft – je dreimal hinauf und wieder ins Tal hinab.

Schöne Dörfer und Höfe, steinerne Scheunen auf sattgrünen Wiesen, von Bäumen gesäumte Wasserläufe und Trockensteinmauern beiderseits der Fahrbahn begleiten die Fahrt durch Täler in den Dales. Die Straßen sind kurvenreich, eng, stellenweise unübersichtlich. Geboten sind vorsichtiges Fahren und die Bereitschaft, dann und wann zu einer breiteren Stelle zurückzusetzen, wenn Gegenverkehr erscheint. Beim Aufstieg über den Berg zum Nachbartal ändert sich das Bild. Oft geht es so steil in die Höhe, dass der Blick durch die Windschutzscheibe hauptsächlich den Himmel erfasst.

Trockensteinmauern prägen das Bild der Yorkshire Dales.

Der Baumbestand wird dünner, menschliche Siedlungen sind irgendwann nur noch im Rückspiegel zu sehen, immer wieder rumpeln die Reifen über ein Cattle Grid (ein Gitter auf der Fahrbahn, das Tiere nicht passieren können). Oben angekommen fährt man über offenes, den weidenden Schafen vorbehaltenes Hochmoor mit einem weiten Blick. Auf allen Seiten bieten sich Landschaftseindrücke, die an den Hauptrouten nicht so einprägsam wären.

Weiter Blick

Route 1: über Coverdale ins Teesdale (62 Kilometer)

Von Grassington führt die B6160 nach Kettlewell. Dort geht es rechts vor der Brücke (ausgeschildert: Church), an der Kirche nach links über die Brücke, sofort rechts und nach ca. 200 Metern links hoch (nach Leyburn). Nach einem recht steilen Anstieg verläuft die Strecke bald am kleinen Fluss Cover entlang, führt über Horsehouse zum Dorf Carlton, weiter Richtung Melmerby, dort links gen West Witton und zur A684, der Hauptstraße durch Wensleydale nach Leyburn. Hier angekommen geht es an der ersten Kreuzung geradeaus, ca. 80 Meter dahinter links und über den Berg nach

Reeth. Dort ist man im Swaledale angekommen und sicher reif für eine Pause. Es gibt Lokale am großen Dorfanger, an dessen Nordseite die Straße nach Barnard Castle (13 Meilen/21 Kilometer, s. Tipp Nr. 12) ausgeschildert ist. Jetzt geht es zum dritten Mal hinauf aufs Hochmoor, nun durch das Arkengathdale mit tollen Aussichten. Nach ca. fünf Kilometern rechts Richtung Barnard Castle im Teesdale. Wer hier aber nicht abbiegt, sieht im oberen Arkengathdale einen je nach Geschmack bedrückenden oder beeindruckenden kargen Landstrich und eine abgelegene Herberge, den Tan Hill Inn (siehe Route 2).

Route 2: vom Wharfedale nach Tan Hill (46 Kilometer)

Die B6160 ab Grassington begleitet den Fluss Wharfe an Kettlewell vorbei nach Buckden, dort links nach Hubberholme und am Fluss entlang durch das reizvolle Langstrothdale. Nach ca. sechs Kilometern knickt die Straße nach rechts ab und steigt an (Richtung

Schmale Straßen durchziehen die Landschaft.

Hawes, sieben Meilen/elf Kilometer). Hawes ist einer der Hauptorte vom Wensleydale. Hier fährt man rechts auf die A684, ein Stück durch den Ort und links nach Muker (sieben Meilen/elf Kilometer). Immer den Schildern nach Muker folgend bewältigt man den Buttertubs Pass, auf dessen Nordseite Swaledale liegt. Nach dem Abstieg fährt man an der B6270 links nach Keld und biegt dort nach drei Kilometer rechts ab Richtung Tan Hill (vier Meilen/6,5 Kilometer). Der Tan Hill Inn auf 528 Meter Höhe ist die höchstgelegene Herberge Englands. Hier begegnet man Wanderern, die etwa die Hälfte des 430 Kilometer langen Pennine Way bewältigt haben. Weiter geht es entweder nach links in Richtung Nordwesten und Penrith oder rechts nach Barnard Castle im Teesdale bzw. Reeth ins Swaledale zurück.

Schafe weiden neben der Straße.

INFO

Wie findet man den Weg?: Als Unterstützung der obigen Anweisungen kommt nur eine gute Straßenkarte bzw. ein Straßenatlas (Maßstab mindestens 1:150.000) in Frage. Navigations-Apps oder -geräte zeigen manchmal – aber nicht immer – den Weg über die wenig befahrenen Nebenstraßen. Damit man mit Navi nicht auf den Hauptstraßen bleibt, eignen sich folgende Eingaben:

- Route 1 ab Kettlewell: zuerst Carlton oder Melmerby eingeben, dann hintereinander Leyburn, Reeth, Barnard Castle
- Route 2: Hubberholme, Hawes, Keld, Tan Hill

Hinweis: Es versteht sich, dass diese Routen bei Nebel, Eis und Schnee oder starkem Regen nicht empfehlenswert sind.

Register

Register

360°

Laura Kaiser,
Christoph Schaarschmidt
ISBN 978-3-96855-308-5
Preis 16,95 €

In der Reihe sind u.a. bisher erschienen:

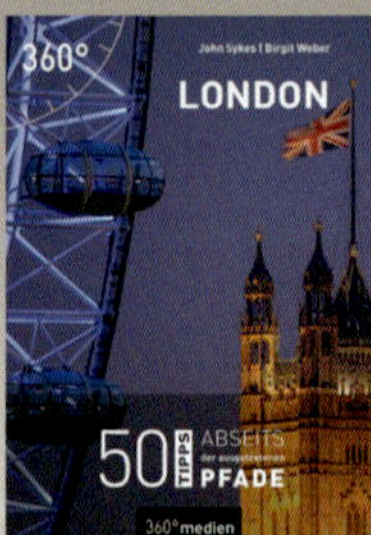

John Sykes
ISBN 978-3-96855-070-1
Preis 14,95 €

Carsten Heinke
ISBN 978-3-96855-299-6
Preis 16,95 €

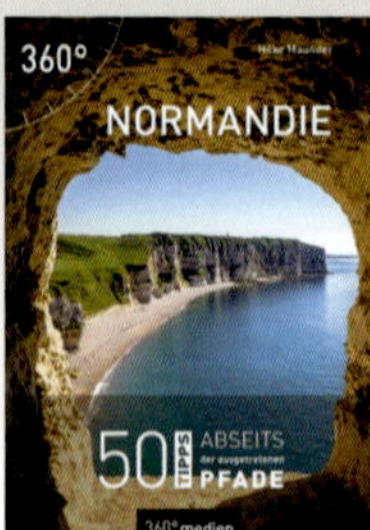

Hilke Maunder
ISBN 978-3-96855-300-9
Preis 16,95 €

Ulrich Rosenbaum
ISBN 978-3-96855-249-1
Preis 16,95 €

Bildnachweis:

Alle Bilder von Birgit Weber, außer: Alex Liivet from Chester United Kingdom CC0 via Wikimedia Commons S. 31 | Andrew-Curtis CC BY-SA 2.0 S. 83 | Chris Gunns CC BY-SA 2.0 S. 117 | Colin-Park CC BY-SA 2.0 S. 16 | David-Dixon CC BY-SA 2.0 S. 152 | Doug Sim CC BY-SA 3.0 S. 136o | East Riding Archives CC0 1.0 S. 40o, 40u | Eddi Laumanns aka RX-Guru, CC BY-SA 3.0 S. 241 | George Hodan cc0 S. 74o | George M Groutas CC BY 2.0 S. 19 | Gordon-Hatton CC BY-SA 2.0 S. 72o | Hadrianus1959 CC BY-SA 4.0 S. 11o | Jennifer-Petrie CC BY-SA 2.0 S. 72u | John-Lindsay CC BY-SA 2.0 S. 13o | johndal CC BY-SA 2.0 S. 101u | Jorge Franganillo CC BY 2.0 S. 10o | Jungpionier CC BY-SA 3.0 S. 10u | Jungpionier CC BY-SA 3.0 S. 17 | Kreuzschnabel CC BY-SA 3.0 S. 14 u | Les Chatfield from Brighton England CC BY 2.0 S. 85o | Maps4news S. 20, 21, 25, 53, 91, 135, 181, 209 | Mark Winterbourne from Leeds CC BY 2.0 S. 11u | mattbuck category CC BY-SA 2.0 S. 116O | Mattehwe Hartley S. 14 o | MatzeTrier CC BY-SA 3.0 S. 13 u | Michael D Beckwith CC0 via Wikimedia Commons S. 30o | Michael Hanselmann Quaoar10 CC BY-SA 3.0 S. 12u | Nelo Hotsuma S. 36 | Nigel Homer Henry Moore Sculpture Yorkshire Sculpture Park S. 211u | Nilfanion CC BY-SA 3.0 S. 116u | Nilfanion, CC BY-SA 3.0 S. 116m | Nilfanion, CC BY-SA 3.0 S. 119 | Poliphilo, CC0, via Wikimedia Commons S. 212 | Rept0n1x CC BY-SA 3.0 S. 12o | Rob Farrow CC BY-SA 2.0 S. 162 | Robert Scarth from London England CC BY-SA 2.0 S. 73 | Rosser1954, CC BY-SA 4.0 S. 118 | Russel-Wills CC BY-SA 2.0 S. 98 | Voello, CC BY 4.0 S. 18 | yellow book, CC BY 2.0 S. 111